# 兀良哈及韃靼考

[日]箭内亘◎著
陳捷 陳清泉◎譯



山西出版傳媒集團
山西人民出版社

## 圖書在版編目(CIP)數據

兀良哈及韃靼考 / [日] 箭内亘著；陳捷，陳清泉譯. —太原：山西人民出版社，2015.9(2024.2重印)
(近代海外漢學名著叢刊 / 鄭培凱主編)
ISBN 978-7-203-09140-0

Ⅰ. ①兀… Ⅱ. ①箭… ②陳… ③陳… Ⅲ. ①歷史地理－考證－中國－元代②歷史地理－考證－中國－明代 Ⅳ. ①K928.647

中國版本圖書館CIP數據核字(2015)第191526號


# 兀良哈及韃靼考


叢刊主編　鄭培凱
著　　者　[日] 箭内亘
譯　　者　陳　捷　陳清泉
責任編輯　崔人杰

出 版 者　山西出版傳媒集團・山西人民出版社
地　　址　太原市建設南路21號
郵　　編　030012
發行營銷　0351－4922220　4955996　4956039
　　　　　0351－4922127(傳真)
天猫官網　https://sxrmcbs.tmall.com　0351－4922159(電話)
E－mail　sxskcb@163.com　發行部
　　　　　sxskcb@126.com　總編室
網　　址　www.sxskcb.com

經 銷 者　山西出版傳媒集團・山西人民出版社
承 印 廠　山西出版傳媒集團・山西新華印業有限公司

開　　本　700mm×970mm　1/16
印　　張　7
字　　數　53千字
版　　次　2015年9月　第1版
印　　次　2024年2月　第2次印刷
書　　號　ISBN 978-7-203-09140-0
定　　價　35.00圓

# 近代海外漢學名著叢刊編委會名單

# 出版說明

近代海外漢學名著叢刊選取一九四九年以後未再刊行之近代海外漢學作品，編例如次：

一、本叢書遴選之作品在相關學術領域具有一定的代表性，在學術研究方嚮、方法上獨具特色。

二、爲避免重新排印時出錯，本叢書原本原貌影印出版。影印之底本皆經專家組審定，原書字體大小、排版格式均未做大的改變。

三、爲使叢書體例一致，本叢書前言、後記均采用繁體字排版。

四、個別頁碼較少的版本，爲方便裝幀和閱讀，進行了合訂。

五、少數作品有個別破損之處，編者以不改變版本内容爲前提，部分進行修補，難以修復之處保留缺損原狀。

六、原版書中個別錯訛之處，皆照原樣影印，未做修改。

由於叢書規模較大，不足之處，在所難免，殷切期待方家指正。

# 總序／温故而知新

晚清以來，西力東漸，西方文化思想的著作也大量譯成中文，最著名的如嚴復與林紓的譯著，影響了整個二十世紀中國的知識界與文學界，使得中國文化的思維脈絡爲之丕變。除了西方思想經典、文學與實證科學著作的翻譯，以實證方法系統化探討中國文史的域外漢學，也對中國學術思想界産生了莫大衝擊，改變了中國學術的著述方法與取嚮。

中國傳統的知識結構，是按經史子集四庫分類的，以儒家意識形態的經學爲文化知識的砥柱，以史學爲貫串歷史經驗的殷鑒，至於子部與集部，則是作爲保存文獻、擴大知識面的附帶知識，可以耽情冥想，可以悠遊玩賞，却都是邊緣化的知識，無關聖教的弘揚，無關文化精髓的宏旨。西方文藝復興之後的現代學術體系，在知識分類上，與中國傳統大相徑庭，講究系統分科，不同知識領域各有其客觀存在的價值，有其相對獨立的目的與標準。日本知識界在明治維新以來，鑒於東方文明落後於西方的船堅炮利，率先效法西方，在追求「文明開化」、「脱亞入歐」的過程中，爲日本學術發展循着現代西方的體例，建立了哲學、文學、歷史學、經濟學、法學、商學、物理學、化學、地質學、醫學、農學、工程學、植物學、動物學等等新型學科，企圖與西方學術齊頭並進，從而影響了中國近代學術體系的發展。

本叢刊選印二十世紀上半葉出版的漢學譯著近百冊，分爲三大類：「歷史文化與社會經濟」、「古典文獻與語言文字」、「中外交通與邊疆史」，反映民國時期學術界重視西方及日本漢學研究的成果，藉助他山之石，重新審視中國傳統歷史文化的意義，特别是開拓了傳統學術忽略的領域。五四新文化運動以來，中國學者如蔡元培、胡適都提倡「整理國故」，以理性實證的方法，對中國文化傳統做出系統化的研究，是與這些漢學譯著相輔相成的。這些譯著除了介紹域外漢學的成果，還引進了嶄新的學術研究方法與視角，有助於梳理中國文化傳統的脈絡，重新整合知識結構與學術體系。雖然這些學術著作不是中國學者的成就，無法納入二十世紀中國文史學術的主脈，但是從中文譯本的影響而言，起碼也應當視爲中國近代學術發展的支脈或潛流，不容忽視。可惜的是，到了二十世紀下半葉，因爲兩岸政治形勢的變化，這些漢學譯著，除了部分因王雲五重新入主臺灣商務印書館，而得以在臺灣做了少量的重印，在大陸的出版界，則完全受到遺忘，甚至在許多新成立的大學圖書館中也不見踪影。我們搜集了近百冊塵封的漢學譯著，呈現給二十一世紀的中國學術界，一方面是爲了銘記前人爲推展學術而做出的努力，另一方面也是爲了提醒新常態時期的學人，學術發展有其歷史累積的脈絡，可以從中汲取歷史經驗，温故而知新。

説到「温故知新」與這批早期漢學譯著的關係，可以從兩個方面來思考，以見翻譯域外漢學如何反映了時代精神，爲融匯東西方學術思維，重新闡釋中國文化傳承，做出不可磨滅的貢獻。一是域外漢學的研究對象，以中國歷史文化典籍爲主，屬於中西文化碰撞期間興起的「國學」範疇，與五四新文化人物提倡的「整理國故」運動若合符節。研究中國歷史文化，並賦予新的學術意義，是清末民初知識精英念茲在茲的心結。歷史發展走到一個環節，時代的狂風揚起了批判傳統的大旗，風中的英雄幫着推波助瀾，却又無時或忘自己民族文化主體的未來，糾纏於「傳統」能否「現代」的困境。域外漢學的出現，以西方實證方法研究中國歷史文化傳統，綜合東西方各種語言文字材料，擴大了研究國學的眼界，即使無法打開中國文化傳統是否走到盡頭的心結，至少是提供了一個解惑的方嚮，在大霧彌漫的夜晚，看到了依稀渺茫的星光。

二是翻譯域外漢學，有一種以子之矛攻子之盾的吊詭作用，逐漸化解了中國文化思維中的自大心理與封閉心態，讓唯我獨尊的國粹基本教義派解除武裝到牙齒的盔甲，轉而吸收並接受西方實證研究的學風。民國期間新式教育制度的推行、學術體系的變化、大學學術專業的創建，具體到北京大學國學門的成立，中央研究院規劃歷史、語言、考古的研究領域，都與翻譯域外漢學背後的旨意是息息相關的。因此，重新閱覽這批民國期間的漢學譯著，對二十一世紀的現代學人來説，温故而知新，不但可以窺知民國學人追求新知的心理狀態，也會刺激吾人反思，認真思考學術研究方法與中國學術發展的前景，更進一步，探索文化傳統的重新闡釋與新知介入的關係。知識體系的變化當然與傳統的重新闡釋有關，是外爍的影響大呢，還是內因變化的成分居多？

論語·爲政記載孔子説：「温故而知新，可以爲師矣。」歷代解經，對這個「爲師」的道理，有兩種相近似但又取嚮不同的解釋。朱熹四書集注説：「故者，舊所聞。新者，今所得。言學能時習舊聞而每有新得，則所學在我而其應不窮，故可以爲人師。若夫記問之學，則無得於心而所知有限，故學記譏其不足以爲人師，正與此意互相發也。」雖然朱熹把知識分爲「舊所聞」與「新所得」，强調的却是「學而時習之」，從中生發新的心得，也就是從詮釋舊典中得到新知。這個説法與朱熹在鵝湖之會以後，作詩唱和，寫給陸九淵的詩句，「舊學商量加邃密，新知涵養轉深沉」，异曲同工，是一個意思，萬變不離其宗，舊學與新知是同一個脈絡的知識學理。

然而，有些朱熹之前的經學家，解釋「温故知新」，却有不同的取嚮。皇侃論語義疏就説：「故，謂所學已得之事也。所學已得者則温尋之不使忘失，此是月無忘其所能也。新，謂即時所學新得者也。知新，謂日知其所亡也。若學能日知所亡，月無忘所能，此乃可爲人師也。」皇侃明確説到，「故」指的是過去所學的知識，而「新」則指的是新近學到的知識，新舊結合，相互發明，就可以「爲人師」了。邢昺論語注疏循着皇侃的思路，也説：「言舊所學得者，温尋使不忘，是温故也。素所未知，學使知之，是知新也。既温尋故者，又知新者，則可以爲人師也。」這裏講的「素所未知」，就不衹是研讀舊學，有了新的體會，從過去的傳統中發展出的「新知」，而是從來没聽過、没想過的新學問了。這種「素所未知」的新學問，結合「舊所聞」，對習以爲常的知識框架，就會産生巨大的衝擊，而出現飛躍性的結構變化。知識内容或許大體沿襲傳統，知識結構却得以重新整合，出現嶄新的認知系統，重新審視自己文化傳統的意義，打開文化傳承的新局面。二十世紀上半葉的漢學譯作，就發揮了這樣的作用，促使中國學者放棄自我中心的文化態度，從各種不同側面，探知中國歷史文化的光譜，以域外（或是全球）的角度觀測中國傳統，摇動了文化的萬花筒，看到七彩繽紛的中國。

嚴復在甲午戰争之後，改良變法思想風起雲涌之時，開始大量翻譯西方思想經典著作，是有感於國人（特别是傳統文化孕育的知識精英）思維系統封閉，企圖介紹實證新知，引進邏輯思維的方法，以破除儒學之道「一以貫之」與「放之四海而皆準」的虚妄。他翻譯天演論，在序文中提到，有人歸納東西方學術思想，認爲中國文化重精神，是形而上之學，立意高超，而西方文化重物質，是形而下之學，衹追求功利的回報。他認爲，這種自以爲是的蒙昧態度，陷入傳統舊學的框囿而不自知，没有自我反思的能力，無法吸收「素所未知」的新知識，也就無法開展並弘揚自己的文化傳統。嚴復非常清楚他翻譯西方經典的目的，是爲了介紹新知，打破中國傳統思維的封閉性，但是，作爲披荆斬棘的拓荒人，他深知思想封閉者的頑固心理，必須因勢利導，以免遭到盲目衛道之士的攻訐。嚴復有其防身的策略，不會像許褚戰馬超那樣赤膊上陣，而是以桐城文章譯述赫胥黎、斯賓塞、穆勒、亞當·斯密、孟德斯鳩，博得晚清知識精英的贊許，文章深閎而傳入了新知義理。從文化變遷的角度而言，通過翻譯，以迂迴戰術來介紹西方思想，得到巨大的成功，產生了改變傳統思維體系的實效，是中國近代思想史上影響深遠的大事。以此類推，民國時期大量翻譯域外漢學的影響，也是不容忽視的思想史課題。

關於清末民初西方學術思維衝擊中國知識精英，顛覆傳統文化的知識結構，錢穆在現代中國學術論衡的序言中，從中國文化本位的立場，發出深刻的感慨，做了籠統的批評：「文化异，斯學術亦异。中國重和合，西方重分別。民國以來，中國學術界分門別類，務爲專家，與中國傳統通人通儒之學大相違异。循至返讀古籍，格不相入。此其影響將來學術之發展實大，不可不加以討論。」錢穆所指出的問題，是傳統知識體系强調「通」，文史哲不分家，最崇尚通儒，而現代學術講究專業分科，各司其職，以至於讀不通古籍呈現的整體性知識思維。姚名達在撰寫中國目録學史的時候，對西力東漸，西潮帶來的翻譯著作及新知新學，也有類似的感慨：「四部分類法，不合時代也，不僅現代爲然。自道光、咸豐允許西人入國通商傳教以來，繼以派生留學外國，於是東西洋洋籍逐年增多。學問翻新，迥出舊學之外。目録學界之思想不免爲之震蕩。」這種對學術體系發生重大變化的觀察，反映了中國學人從晚清一直到民國，夾在東西方兩種不同思維體系的衝突中，身歷其境的切身感受，因此感觸良多。

二十世紀上半葉最能代表中國學術的通儒是王國維與陳寅恪，他們浸潤了經史子集的四部知識傳統，承繼乾嘉篤實的考據學風，却都經過西洋邏輯思維與實證科學的洗禮，參與中國知識結構的轉型。對西方現代知識結構如何在中國生根發芽，不但再三致意，并且以自己的學術實踐來努力促成。王國維早在一九〇二年就寫信給張之洞，反對把經學列爲大學分科之首，而主張效法西方與日本的大學，設立哲學科，明確指出知識結構的分類不可因循傳統，而必須另起爐竈。陳寅恪在一九二五年就清華大學建制的問題，寫了吾國學術之現狀及清華之職責，指出大學的職責在於學術之獨立，而中國學術界的情況令人十分不滿，必須認真效法西方學術的體制及實踐。他說：「蓋今世治學以世界爲範圍，重在知彼，絕非閉門造車者比。」這兩位國學大師，對西方與日本的漢學研究十分注意，都是以開放態度對待域外漢學研究，集思廣益，以成其大家。

再回到「温故知新」的歷代經解，說說文化傳承的闡釋學意義。劉寶楠在論語正義中指出，上古之時，文化知識是上層統治精英的家學，不再治理實際政事的長者可以傳遞德行的知識，可以爲人師。「温故而知新」，就顯示長者不忘舊時所學，且能吸收新知，繼承并發揚這種學術與政治合一的傳統。到了孔子之時，時代出現了變化，士大夫不見得能够謹守家法，弘揚德行，也不一定能够「爲師」了。孔子之後，世變日亟，「道術爲天下裂」，文化知識不再爲少數統治精英所壟斷，也不必然與治理政事有關，學術在民間百花齊放，百家争鳴。但是，學術知識發展的脈絡基本未變，仍然是要温故知新，進德修業。從劉寶楠不經意的闡釋中，可以看到時代變遷影響了學術文化的内容，改變了知識結構的體系，但其内在發展的理路仍舊，還是需要舊學與新知的融合，才能有所發展。

劉寶楠還引述了劉逢祿的解釋：「故，古也。六經皆述古昔、稱先王者也。知新，謂通其大義，以斟酌後世之製作，漢初經師皆是也。」劉寶楠贊成這個說法，並指出，漢唐人解釋「知新」，大多數都沿用此意。也就是說，舊學是傳統的知識結構體系，新知是時代變化出現的新知識，必須相互斟酌，才能發揮得宜。至於如何對舊學「通其大義」，就見仁見智，各有說法了。從這個通達的詮釋來討論近代西學東漸的情況，我們可以看到，「温故而知新」在民國學人的心底，是産生「傳統」與「現代」糾葛的心理陷阱，不易跨越。若依照朱熹的說法，「學能時習舊聞而每有新得，則所學在我而其應不窮」，雖然在哲理上可以模模糊糊說通，但在清末民初的具體歷史環節，西學的新知屬於完全不同的知識體系，在原有的舊學脈絡中，根本無從立足，如何「其應不窮」？所以，真要放之四海而皆準，提升「温故而知新」的普世意義，以理解域外漢學譯著與近代學術知識體系變遷的文化史意義，我們認爲，皇侃、邢昺，一直到劉寶楠的闡釋，是比較合適，並與現代文化闡釋學的説法相近。

伽達默爾（Hans-Georg Gadamer）在他的名著真理與方法中，説到認知理性與文化傳統的關係，特別指出，人們通過理性，來判斷歷史文化中事實的真相，但是人的理性與生存環境息息相關，與傳統所衍生的豐富文化底藴有關，不可能完全超越文化傳統的思維脈絡。他認爲，人生活在文化傳統之中，就不可能「遺世獨立」，以全能超越的抽象思辨來認識傳統，甚至是批判或顛覆傳統。傳統是歷史文化延續與傳承的表徵，不會一成不變，而我們的認知理性也會因時代變遷，而不斷重新詮釋傳統。伽達默爾的闡釋學以西方文化傳統爲例，説明新知如何納入傳統，而使文化傳統生機不斷，生生不息，與中國歷代經學家的説法（朱熹除外），有异曲同工之效。以此觀照民國時期的漢學譯著，我們認爲，這批學術新知傳入中國，對中國文化傳統的繁衍與發展，實有承先啓後之功。

近代海外漢學名著叢刊的出版，最值得感謝的是南兆旭先生二十多年來搜羅的執着與努力。雖然這套叢刊不能窮盡民國時期的漢學譯著，但是，能滙集上百冊自一九四九年以來在國内不曾重印的學術著作，再度公之於世，總是功不唐捐的大功德。忝爲本叢刊的主編，我面對這批民國學術材料，先是感到紛雜無章，有些原作者的學術素養也難副當前的學術標準，甚爲猶豫。後轉念一想，這是上個世紀中國最紛亂時期的學術記録，也是民生凋敝，國勢隤危，内亂外患交加之際，仍有許多學者孜孜矻矻，戮力翻譯域外漢學，爲中國學術的傳承拓展新知的坦途，不禁肅然起敬，開始用心整理分類。掛一漏萬，在所難免，好在有學殖豐贍的靜友擔任分卷主編，並撰寫各分卷前言，實在是衷心銘感。有傅杰教授負責「歷史文化與社會經濟」、戴燕教授負責「古典文獻與語言文字」、霍巍教授負責「中外交通與邊疆史」，吾道不孤矣。在整理編輯過程中，周威先生費心最多，也是我要衷心感謝的。

道術之存亡，全在人心之嚮背。這批民國漢學譯著重新問世，對我們生長在承平之世的學人，應當有激勵的作用，爲學術研究多盡份力，讓中國學術發展更上一層樓。

鄭培凱

二〇一五年七月

# 前言

在中國近現代學術史上，一個重大的轉折時期出現在清末民初，中國文化和中國學術幾千年來所積澱的自負和驕傲，受到前所未有的衝擊和挑戰。這種壓力既來自外部，也來自於內部，既包含着一個古老民族對於西方列强從政治、軍事、經濟、文化等各個方面强勢壓迫的自然反抗，也有着當時學人從學術傳統、研究範式、價值取嚮、材料方法等深層次的理性思考。在這樣一個大背景之下，陳寅恪先生因主張「一時代之學術，必有其新材料與新問題」而著稱於世，傅斯年先生也因倡導「上窮碧落下黄泉，動手動脚找東西」而聲名顯赫。其實，傅斯年先生這句名言的出處是在他撰寫的歷史語言研究所工作之旨趣一文當中，在講這句話的前面，他還有很長的一段話比較了當時中西學術發展出現的差距，并且指出了學術發展的三項標準：

（一）凡能直接研究材料，便能進步。凡間接的研究前人所研究或前人所創造之系統，而不能繁豐細密的參照所包含的事實，便退步。（二）凡一種學問能擴張他研究的材料便進步，不能的便退步。西洋人研究中國或牽連中國的事物，本來没有很多的成績，因爲他們讀中國的書不能親切，認中國事實不能嚴辯，所以關於一切文字審求、文籍考訂、史事辯別等等，在他們永遠一籌莫展。但他們却有些地方比我們範圍來得寬些。我們中國人多是不會解决史籍上的四裔問題的，丁謙君的諸史外國傳考證，遠不如沙萬君之譯外國傳、玉連之解大唐西域記、高幾耶之注馬可波羅遊記、米勒之發讀回紇文書，這都不是中國人現在已經辦到的。凡中國人所忽略，如匈奴、鮮卑、突厥、回紇、契丹、女真、蒙古等問題，在歐洲人却施格外的注意……（三）凡一種學問能擴充他做研究時應用的工具的，則進步，不能的，則退步。……西洋人做學問不是去讀書，是動手動脚到處尋找新材料，隨時擴大舊範圍，所以這學問才有四方的發展，嚮上的增高。［一］

他這裏所强調的材料的擴充、方法的進步，尤其舉出研究中國「四裔問題」上西方學術界的重視與所獲成績的例子，實際上都暗含着兩層意思在內：其一，是倡導重視除文獻材料之外地下材料的出土，號召學人不讀死書，而要「動手動脚到處尋找新材料」，才有可能拓展學術空間，「隨時擴大舊範圍」。西方學者古書遠遠不如中國人讀得好，却能够不斷拓展新領域，取得新成績，這是一個重要的原因。其二，是主張將研究空間從傳統的中原地區嚮着邊疆地區（亦即舊籍中的「四裔」）拓展，認爲這將是中國學術未來發展的方嚮。他尤其提到的匈奴、鮮卑、突厥、回紇、契丹、女真、蒙古等問題，都是國人重視不足，但「在歐洲人却施格外的注意」的新問題。直到今天看來，傅斯年先生所倡導的這個方嚮，也仍然具有深遠的戰略眼光。民國時期學術所受海外漢學的影響是多方面的，而其中對於中國邊疆、民族和中外文化關係等方面的研究成果尤其引人注目，也爲時人所重視，都與這個時代背景有着密切的關係。

近代以來，西方學者（包括被國人視爲「東洋」的日本學者在內）的一批學術著作陸續被翻譯成中文出版，成爲當時國人瞭解西方並從而反觀自身的一面鏡子。其中，被選入本套近代海外漢學名著叢刊的許多名

［一］傅斯年：歷史語言研究所工作之旨趣，國立中央研究院歷史語言研究所集刊第一本第一分，民國十七年十月。

家著作，堪稱其代表之作。這當中，有對中國古代民族史進行深入研究的白鳥庫吉著康居粟特考、帕克（E.H.Parker）所著匈奴史、津田左右吉著渤海史考等名著，也有涉及中國古代民族制度文化史的箭內亘著元朝制度考、元代經略東北考等系列研究專著。尤其是在中外文化交流和關係史方面，日本學者桑原騭藏著唐宋貿易港研究、木宮泰彦著中日交通史等著作，都開啓了這個領域的研究先河，影響甚爲深遠。

這批海外漢學名著的學術特點非常突出，一方面，它們大都充分利用了豐富的中國古代歷史文獻進行精深的文本分析，體現出作者的漢學水平和深厚的古文獻根基；但另一方面，從總體的研究方法上却與傳統的中國學術大相徑庭，作者已經不再像二十四史的史家那樣仍舊站在中原王朝正統史觀的立場來觀察所謂「四裔」，進行粗綫條的描述，而是以西方考古學、人類學、社會學等全新的研究方法和理論對研究對象從歷史語言、地理環境、社會組織結構、人群遷移流動、對外文化交流等不同的層面和角度加以剖析，從而展示出前所未有的學術新格局。在這批著作中，還有一部分屬於作者實地考察的行記，如鳥居龍藏所著東北亞洲搜訪記等，無論其學術水平如何參差不齊，但都體現出西方學術界重視田野工作、擴大和豐富新材料的研究取嚮，也和當時西方學者大規模進入我國邊疆地區開展所謂「考察」、「探險」活動的歷史背景相互呼應，由此對中國學人所産生的激烈震蕩和隨之而來「敦煌學」、「西夏學」、「蒙古學」、「藏學」等新的研究領域的形成，應當説都與之不無關係。

我們不能不注意到，在這批海外漢學名著中，日本學者的著述頗豐，這個特點也反映出近現代學術史上「東洋」與「西洋」之關係。自明治維新以來，日本以「脱亞入歐」爲國家目標，不僅在政治、經濟和軍事上努力以西方爲效仿和追趕對象，在文化上也與傳統的「以中國文化爲師」的模式拉開距離，出現了學術文化上的明顯轉型。在嚮西方學術學習借鑒方面，日本的確走在了中國的前頭，甚至承擔了嚮中國「轉手」輸入西方文化的「中間人」的角色。在中國的邊疆、民族、中西交通史等方面，日本學術界和西方學術界聯繫緊密，將其對中國傳統史籍的精深理解和西方研究範式的具體實踐有效加以結合，產生出一批重量級的學術成果，這也是清末民初投射在中國學術史背景上的一個濃重剪影。

當然也無須諱言，由於時代的局限，這套叢書所能够借以參考、使用的實物史料隨着地上地下考古文物的不斷發現，已經顯得落後。自二十世紀五十年代以來，中國學者在邊疆考古領域取得了重要的成績，尤其是在新疆、西藏、内蒙古、東北各地的田野工作爲匈奴、鮮卑、粟特、吐蕃、突厥等若干古代民族問題的研究都提供了大量新材料，提出了不少新問題。但是我們不能苛求前人，放在當時的歷史背景之下來看，叢書作者所顯現的問題意識、史料運用和研究方法，至今也仍然是具有借鑒作用的。

最後我們還應注意到，這批海外漢學著作的譯者有些是國人知曉的史學名家，如向達先生、趙敏求先生、方壯猷先生等，他們均具有深厚的傳統國學根底，也具有寬廣的國際視野，其中如向達先生曾遊學歐洲多國，在敦煌學、中西文化交流史研究等方面建樹卓越。但是，也還有更多的編譯者今天已經不再爲人知曉，這反而證明了一個事實：在清末民初這個中國近現代學術史轉型時期，西方學術所帶來的衝擊和影響，不僅僅波及少數學術精英，而且也深刻地震蕩着社會各個階層，中國人嚮西方學習從而變革求新、救亡圖存的强烈願望，可以説是這些譯著當年問世時最爲直接的「催生劑」。今天，在中華民族爲實現偉大的民族復興和「中國夢」的美好願景而努力奮鬥的新時代，重讀這套叢書，「温故而知新」，可以説是意味深長。

四川大學教授、博士生道師、教育部長江學者特聘教授

霍　巍

# 作者簡介

## 著者

箭内亘（Yanai Wataru，一八七五年—一九二六年），日本蒙元史學家，號尚軒。一九〇一年畢業於東京大學史學科。後進大學院，研究中國耶穌教史。一九〇八年參加白鳥庫吉主持的南滿鐵「學術」調查部，爲滿洲歷史地理和滿鮮地理歷史研究報告遼、金、元三朝的主要撰寫人。一九〇九年曾赴中國東北、遼東、遼西地方搜集資料。一生發表論文三十餘篇，內容以蒙元制度史和歷史地理居多。制度史研究方面尤以元之「忽裏勒臺」制度、禁軍和社會階級制度研究爲精；歷史地理方面的主要代表作爲東真國之疆域、元代滿洲疆域、元明時代的滿洲交通路等。

## 譯者

陳捷，資料不詳。

陳清泉（？—約一九四一年），號味菊、味菊軒主。從事日本名著翻譯，著有諸子百家考，譯有中國音樂史、朝鮮通史、中國經濟史概説等。

# 兀良哈及韃靼考

## 總目

卷上



卷下

# 兀良哈及韃靼考上

## 目次

### 兀良哈三衞名稱考

# 兀良哈及韃靼考上

## 一　緒言

明洪武二十二年，元宗室遼王阿札失里等求內附。明廷許之，爲置朵顏，福餘，泰寧等三衞於潢水之北兀良哈（Wu-liang-ha）之地，以阿札失里爲泰寧衞指揮使，塔賓帖木兒爲其同知，海撒男答奚爲福餘衞指揮同知，脫魯忽察兒爲朵顏衞指揮同知，各領其部落，以作明之外藩。當時三衞之南，有全寧衞；更南有大寧衞。永樂元年廢全寧大寧二衞，而大寧城守猶存，未許朵顏等三衞侵軼彼等惟渡潢水（卽西喇木倫 Sira-muren）占領其流域之南邊耳。英宗土木之變後，大寧衞之地，始全被彼等占領，遼河左右，悉爲所據。明史外國傳所謂『自大寧前抵喜峯口，近宣府，曰朵顏；自錦義，歷廣寧，至遼河，曰泰寧；自黃泥窪，逾瀋陽，鐵嶺至開原，曰福餘』者，乃明代中葉以後之形勢，而非洪武年間之三衞疆域也。要之，兀良哈三衞，在今所謂東蒙古之地，介在韃靼，瓦剌與建州女直之間。

彼因一時未能稱霸於北方，故或降於明，或與韃靼合，或附瓦剌，或通建州，以保其勢力。及其勢稍振，乃出沒於明之北邊及遼東一帶，而大肆寇掠。明廷被迫不得已而開馬市。土木之變，實三衛導瓦剌來者。明代所以與大工程，築設遼東邊牆者，亦阨止三衛之南下耳。三衛與明代歷史關係甚大，故研究三衛，不較韃靼瓦剌為緩也。

研究三衛時，先當研究者，第一為兀良哈之名稱，第二為三衛名稱之由來。中國學者，對於前者，非無一二考說；但其言太簡而不得要領，只可認為一種思考，而不足稱為一種解釋。即如後文所揭之第二問題，竟未有人解答者。頃讀元代史書，就此問題，覺有所得，因述鄙見如左。

# 二　兀良哈

明代史書談兀良哈者，以皇明實錄爲嚆矢。其文如左：

洪武二十二年四月辛卯置泰寧朵顏福餘三衞指揮使司於兀良哈之地，以居降胡。癸巳遣使齎勅往諭故元遼王阿札失里等曰：……於是天更元運以付於朕。自卽位來今二十餘年，爾阿札失里等知天命有歸，率衆來附，朕甚嘉焉。朕每於故元來歸臣民，悉加優待；況爾本元之親屬者乎！今特於泰寧等處立泰寧福餘朵顏三衞，以阿札失里爲泰寧衞指揮使，塔賓帖木兒爲指揮同知；海撒男答奚爲福餘衞指揮同知；脫魯忽察兒爲朵顏衞指揮同知，各領所部，以安畜牧。自古胡人無城郭，不屋居，行則車爲室，止則氈爲廬，順水草便騎射爲業，今一從本俗，俾遂其性，爾其安之。

觀此，則三衞置於兀良哈之地雖甚明，但其地之位置及範圍則未曾明示也。鄭曉吾學篇始謂兀良哈在潢水之北。陳組綬皇明職方圖圖解，更詳指其範圍曰：『自懷山至東金山，其地界也。』潢水，卽今之西喇木倫；金山卽今懷德縣附近一帶之邱陵；懷山則不明，但爲指興安嶺之一部，則不難想像也。果然，則今東蒙古之北半部，西起興安嶺，東至哈爾濱長春等平野，似卽所謂兀良哈之地域（1）。但此地之呼爲兀良哈也，始於明初乎？抑始於明代以前乎？又此名稱何由而起，實本篇所欲闡明之第一問題也。

（1）讀史方輿紀要卷十八曰：『兀良哈在大寧衞北，其地東接海西，西連開平，北抵北海』云云。大寧衞在今老哈大淩兩河之上流流域。海西卽伯都訥，哈爾濱，阿勒楚喀等諸城之地。開平近於今上都河之北岸，爲多倫諾爾西北之地，大概與職方圖說同。此外如名山藏，世法錄等明代諸書，關於兀良哈雖有所言，但皆只沿襲實錄之說，未加何等新事實。

（a）前人之解釋

蒙古游牧記卷二，敍喀喇沁部祖先之條曰：『初元臣有札爾楚泰者，生子濟拉瑪，姓烏梁罕氏』。其註云：『西齋偶得，喀喇沁爲烏浪漢濟爾默氏，蓋卽明初所謂兀良哈者。蒙古源流，鄂爾多斯者，乃爲汗守禦八白室之人。烏梁罕者，乃爲汗守金穀倉庫之人，均屬大有福者』（1）。著游牧記者張穆，在科爾沁部條解之曰：『案兀良哈卽烏梁罕，亦作烏浪漢』，是承認西齋偶得（博明著）之說也。

但其意，是否謂兀良哈與濟拉瑪姓烏梁罕氏之居住地同一乎？抑只謂其名稱相同乎？殊不明瞭。若屬後者，固不必論；若屬前者，則在未明示其理由時，不能謂爲可信。至蒙古源流烏梁罕之解釋，吾人則不能定其可否，姑存其說可耳。御批歷代通鑑輯覽卷一百一洪武二十二年五月條曰：『三衛之地本烏梁海。』注云：『舊作兀良哈，按元史蘇布特傳爲兀良哈氏，即現今喀喇沁旗之以烏梁海爲姓氏是也。』蘇布特，即速不台。似謂速不台之姓兀良哈，與喀喇沁旗之姓烏梁海，及明初三衛之總稱兀良哈，起原皆同者；但亦未言何等理由。由此點察之，或單以其字及音相同，遂同一視之歟？魏源聖武記云：『烏梁海即兀良哈，在烏里雅蘇臺之北，俄羅斯之南。』何秋濤朔方備乘云：『烏梁海，即明時兀良哈部族，在蒙古諸部之北。』此皆因其名稱相同而立言者。但明代之兀良哈，非今之烏梁海，已不待言。

要之，兀良哈之字音，與速不台之姓兀良哈，喀喇沁部之姓烏梁海，甚相近似。且與清初以來中國記錄中之中俄境上烏梁海，殆屬相同。但明初之兀良哈，即三衛之地，實在東蒙古之北半部，不能謂即蒙古西北中俄境上之烏梁海也。此兩者之間，除其名稱同一，或近似以外，果有何等連絡乎？設令果有連絡，及何故乎？吾人之欲求解釋者，實在此點。

(1)札爾楚泰，蒙文祕史作札兒赤兀歹；濟拉瑪，及濟爾默，作者勒蔑；烏梁罕及烏濱漢，作兀哴罕；詳見後文。

（b）元及元以前之兀良哈

據祕史所記，兀良哈爲部族或姓氏之名。蒙古之遠祖朵奔篾兒干（Dobun-mergen）取其妻阿闌豁阿（Alan-goa）於不兒罕（Burkhan）嶽下，斡難（Onan）河上流之地時，牧於其地者乃姓兀哴孩（Uriangkhai）之晒赤伯顏（Shinchi-Bayan）也。兀哴孩，或卽兀良哈之訛。又成吉思汗生於斡難河之上源地時，有名札兒赤兀歹（Djarchintai）者，曾贈以貂鼠襁褓。後成吉思汗窮困時，曾與其子者勒篾（Djelme）偕來助之，亦兀哴罕（Uriangkhan）人也。兀哴罕與兀哴孩似同爲兀良哈之訛。又與成吉思汗爭蒙古部霸權之札木合（Djamukha）之遠祖，汗之八世祖孛端察兒（Bodonchar）之妃札兒赤兀惕（Djarchint），出於姓兀良合（Uriangkha）之阿當罕（Adankhan）族。兀哴合與兀哴哈字音亦同。又成吉思汗部下勇將速不台（Subutai），元史謂爲兀良合人；其弟名兀良合台（Urianghatai），蓋用其部族之名爲名者。兀良合台之子名阿朮

(Adju)。元史阿朮傳，有兀良(Uriang)氏之語，蓋兀良合之略稱也。元代史書中屬兀良哈部者有四家族，但此四家族有何等血統上之關係，則全不明。札兒赤兀歹，與札兒赤兀惕，其名酷似，但前者爲成吉思汗壯時之老人，後者爲汗之遠祖孛端察兒之妃，到底不能誤傳爲一人。若據吾人之想像，札兒赤兀惕及札兒赤兀歹，原爲部族之名而借爲人名者，宛如兀良合之於兀良合台也。且以兩人同姓兀良哈考之，或者兀良哈部內，有名札兒赤兀之小部族歟？試觀蒙古源流稱速不台爲『珠爾濟特之蘇白格特依』可爲其旁證。但此皆不過想像之辭，而札兒赤兀歹老翁與札兒赤兀惕夫人與速不台等，究有何等血統上關係，則全不知也。

兀良哈(1)部族之原住地，因記錄缺乏，不能明瞭。但據祕史，當朵奔篾兒干時代，開不兒罕嶽牧地者，即其地主人姓兀哏孩之哂赤伯顏也。則此部族之居斡難河上源地，殆已甚古。又元史速不台傳云：『其先世獵於斡難河上，過敦必乃(Tombinai)皇帝，因相結納云云』。敦必乃，即祕史之屯必乃，成吉思汗之四世祖也。祕史之記事，必有何等根據，而成吉思汗之生地，爲斡難河源；此時自來贈送襁褓之札兒赤兀歹，其牧地必在其附近，則不難推測。但朵奔篾兒干之事蹟，寧視作一種傳說爲妥。若欲考其時代，究當金代之初，抑當遼代之末，原屬徒勞；但遼史太祖本紀，謂遼之西北，即遼都臨潢（即今西喇木倫之北之波羅和屯）西北，有名爲嗢娘改（Uriankhai）（2）之部族，曾獻輓車人於遼廷。則遼初（即西曆第十世紀之初）嗢娘罕即後稱兀良哈之部落，在今斡難（Onan）克魯倫（Kerulen）兩河地方無疑。因知祕史及元史之記事，非架空之談也。

（1）朝鮮李朝記錄，稱住於滿洲東部圖們江之北之民族曰兀良哈。日本豐臣秀吉征韓記錄中，據之而稱爲オランカイ。此兀良哈與明代據東蒙古之兀良哈，文字全同，但人種全異，則不待言。殆先有オランカイ之名，迨至明代有兀良哈三字，朝鮮人乃借用此三字以傳其音者。

（2）遼史卷一太祖即位之第三年十月條，有『西北嗢娘改部族進輓車人。』又同書卷六穆宗本紀，卷二十七天祚帝本紀，卷四十六百官志等之斡朗改，亦同名異譯者。

（c）拉施特（Rashid）集史（Djami ut Jevarikh）中之 Uriankha

元明時代，及其以前，關於兀良哈之中國史料，已搜羅殆盡。此外似未見有重要之記錄。幸有拉施特之集史，可謂關於兀良哈之貴重史料，至少亦必爲與此部族同名者之史料也。拉施特爲波斯地方蒙古王國 Jekhan 之宰相，涉獵朝廷祕庫所藏一切資料，於西元一三〇七年（元成宗大德十一年）著成此書，獻於國王 Oldjaritu。此書在蒙古史典據上價值，不在祕史親征錄元史之下，已有定論。但此書用波斯文記述，吾人不能直接讀之，幸關於兀良哈問題之一部分，譯載於 Dohsson 之蒙古史 (Histoire des mongols) 第一卷，今重譯之如左：

貝加爾 (Baikal) 湖之東，住有 Couris, Coalaches, Bouriates, Joumates 四部，此四部總稱曰 Bargoutes。以色楞格 (Selenga) 河彼方之地，爲其領土。其地爲韃靼 (Tatar) 種族占據之東北限界，故又稱爲 Bargontchin-Jougroum。(Bargoutchin 爲自東來注入貝加爾湖之河名，Jougroum 爲境界之意，現今部立亞 (Buriat) 人所住之湖東地方，稱 Dauria 者，卽此名之訛也。) 其北方與之隣接者，爲 Boulgatchines, Kermoutchines，並稱爲『林之民』之 Ourianguites。此最後之部族，屬 Toungouse 種(1)。

此中之 Ourianguites，卽 Ouriangui 之複數，Ouringuit 又改爲法文複數之形者。Berezin 譯文中有 Uriankh 及 Uriankhit，實爲正譯，故下文從之。此部族居今貝加爾 (Baikal) 湖濱東北部 Barguchin 地方之北，故拉施特所謂 Uriankha 與祕史元史等所謂 Uriangkha，Uriangkhan，名稱雖同，其住地究稍有異，其間被所謂 Bargoutes 諸部所斷。拉施特云『Les ouriangnites Silvestres（住於森林中之 Uriankha 人）住於廣大森林中，故得此名，不可以此與蒙古(Mongol)種之 Uriankha 人視爲同一』且謂住於森林中之 Uriankha 人，不事游牧，而以採捕爲業，蔑視都會生活與游牧生活。其下並詳述彼等生活之狀態。結論斷言其爲屬於通古斯(Tungus)種。由此考之，祕史元史等中之兀良罕兀良合等，卽拉施特所謂蒙古種之 Uriankha，卽元史速不台傳所謂『速不台蒙古兀良合人』者是也。但拉施特所以分 Uriankha 部族爲二，一稱森林之民，一稱蒙古之 Uriankha 者，不過就其生活狀態之相異而別之耳，非謂兩者之人種相異也。至少吾人當信此解釋爲至當。蓋貝加爾湖之東方與其南方之部族之位置，古來不必固定，其間不絕有若干移動，亦無容疑。卽如成吉思汗遠祖與據有 Barguchin(巴兒古眞?)地方之部族通婚，又如蔑兒乞(Merki)部族上下於薛楞格(Selenga)河邊，戰敗之際，遠避於 Barguchin 地方，皆其例也。故吾人對於 Barguchin 北隣之 Uriankha 與據斡難河畔之 Uriankha，不必認爲人種相異。前者因住森林中，故爲採捕之民；後者因移住平野中，故爲游牧之民；猶如女眞人居滿洲東北部者曰生女眞，住西南部者曰熟女眞也。即謂所謂蒙古兀良合者，乃遠離貝加爾湖北之同胞，而漸次移居南方者可也。

（1）(D'Ohsson, Histoire des mongols) Tom I, p. 8-9.

### （d）清之烏梁海與西人所謂 Uriankh

清初，散居於蒙古喀爾喀（Khalkha）西方諸部族中，其一曰烏梁海（Wu-liang-hai）。此部族住於中俄境上深山密林中，故其所屬不明，兩國亦不必爭管轄之權。喀爾喀四部之一札薩克圖汗部西邊，有地名和託輝特，西近厄魯特，北近俄國，其俗好戰。烏梁海人錯居其間，以射獵爲業，納賦於和託輝特，有事則從兵役。故和託輝特名雖隸於札薩克圖汗，實則自爲一部。至康熙年間，其部長有根敦者出，二十五年受清廷册封，而爲其部之札薩克。至其嗣子博貝時，屢受清命征烏梁海人，是爲清朝經略烏梁海之始。經略之始末，詳載於朔方備乘卷五，及征烏梁海述略，與蒙古游牧記卷十，扎薩克圖汗部條。據此等諸書，烏梁海人住地頗廣，散居喀爾喀之西中俄境上一帶之地，有克木克齊克(Kemkemchik)烏梁海，唐努(Jonnu)山烏梁海，阿爾泰(Altai)烏梁海等名目。然此種族之人種言語及分布上之科學的研究，終不能於中國學者著述中得之，因不得不據俄國人及其他西洋人研究諸書，即 Potanin, Radloff 等氏之研究是也。彼等根據研究作明快之記述者有微仿得聖馬丁(Viviende Saint Martin)所編纂之世界地理新字典(Nouveau dictionnaire de geographie universelle paris, 1894)，吾人得據以窺知此種族最近研究之一斑(1)。今吾人對於此種族原無詳細介紹之必要，但據同書之記述，其分布之地頗廣；其書對於烏梁海之名有 Ouriankh, Ouriankhaitsi, Ourangha, Ourangcha 等四種稱法。俄國人及蒙古人以此名所呼之種族，多居於中俄兩國境上。其範圍西自 Ouroungou（中國圖之烏龍古）(2) Kobdo(科布多）兩河上流流域，東達 Kossogol（庫蘇古爾）湖及 Tounka, Selenga（薛楞格）兩河上流流域，並包含鄂畢(Obi)之上流 Tchouï 河及 Jénrséi 河之上流 Bei-Kem 河流域云。因而居西北蒙古之 Soïotes，居 Kobdo, Ourungou 兩河上流流域之 Eleutes，一名 Kalmoukas，又據於 Tchouï, Bachkaous 諸河流域之『Allaï 之 Kalmouks』，一名『山中之 Kalmouks』，皆稱爲 Ouriankh 云。由是觀之，清初以來之所謂烏梁海，決非區別人種之名稱。乃自貝加爾湖之西南至額爾齊斯（Irtysh）源地廣大區域中，住於深山密林中各種部族之汎稱也。於是吾人更覺此名稱，不得不及於廣汎地域之森林生活諸部族。何者，如前所述，貝加爾湖東北部地方之住民，當拉施特時代（元成宗時）稱爲 Uriankha；及至清初著述平定羅刹方略中，則謂尼布楚（Nerchinsk）等地方，原爲布拉忒、烏梁海等諸族之住地。則興安嶺山脈以西，中俄境上或與相隣近之森林地帶之住民，以採捕爲業者，普稱爲 Uriankha 或 Uriankhan，殆無容疑也。果然，則拉施特所謂『林之民』，似爲限於貝加爾湖西 Urasut, Telenghut, Kestim 三部族之名稱。一方又謂湖東北之 Uriankha，別名曰林之民。其所以生此矛盾之故，亦可不煩言而解矣（3）。親征錄及祕史所謂林之民者，實包含貝加爾湖之東西，並葉尼塞（Yenisei）額爾齊斯（Irtysh）兩河上源地之住民，與此亦相一致（4）。要之，拉施特以 Uriankha 之別名爲『林之民』，雖屬正當，但謂 Uriankha 及『林之民』之分布區域，限於某地方，則不可不謂爲誤謬也。住於不兒罕嶽附近之 Uriankha 部族，乃由北方南下者，其地本非彼等原住之地。試觀彼等廢止林中採捕生活，而營游牧生活於平野之中自明。

(1)參照同書 Ouriankh 至 Soïotes, Monogollie 等項。

(2)此河名與此種族之名，似有關係。

(3)D'Ohsson. I, p. 89, 成吉思汗實錄三九八——九注。又拉施特謂 Urasut, Telengut, Kestim 三部族，與所謂森林之 Uriankha 部，皆住於 Kirgis 及 Kemkemdjut 之地。(D'Ohsson, I, p. 425) 當時之 Kirgis 等地域，當於後文述之。要之，拉施特時代之 Uriankha，非僅住於貝加爾東北方者之名稱，居其東西之諸種人民，亦包含於其中也無疑。

(4)親征錄中朮赤招降之『林之民』諸部中，帖良兀(Telengut)克失的迷(Kestemi)之外，仍有憾哈思(Khabukhanas)及二三部族之名。此憾哈思，卽今據 Bei-Kem 河流域者。又祕史(那珂博士譯)有『失必兒(Sibir)客思的音(Khesteim)巴亦惕(Bait)禿合思(Tukhas)田列克(Tinlek)脫額列思(Toeles)塔思(Tas)巴只吉惕(Badjigit)等「林之民」云云』則雖失必兒爲今據安加拉(Angara)河北邊之部族，亦包含於所謂『林之民』之中。又同書述朮赤北征條，曾有『使赴林之民之征伐』之語，再觀其征服之林之民，則 Kirgis, Oirat 等大部族，亦所謂『林之民』也。又同書謂由脫斡列思(Tooles)帖良古惕(Telianghut)等至沿額兒的失(Irtysh)河之『林之民』,皆與豁兒赤(Ghorchi)而任彼爲林之民之萬戶云;則南至 Irtysh 河邊,亦在所謂林之民之區域中矣。

## 三　朵顏等三衛

明洪武二十二年，置朵顏，福餘，泰寧三衛於潢水（西喇木倫）之北兀良哈之地，上文已言之矣。今先研究此三衛名稱所由來，然後研究兀良哈之名稱，何故移於此地。

### （a）泰寧衛

元史仁宗本紀，延祐二年八月庚子，改遼陽省之泰州爲泰寧府，四年二月癸亥，陞泰寧府爲泰寧路，仍置泰寧縣。按泰州之名，始於遼代；金代雖有此名，但名同而地異。前者在今吉林省農安縣西南；後者在松花江嫩江合流點西南科布爾察罕泊(Kobur Chagan nor)西南(1)。元代泰州，爲承金代之泰州者，蓋無可疑。元太宗時所謂泰州路(2)，仁宗以後之泰州，泰寧府，泰寧路，泰寧縣，皆在今新城縣（即伯都訥）之西方。但元史只太宗時見泰州路之名。世祖時代，乃顏叛亂前後，絕不見其名。至仁宗之世，泰州之名突現於本紀，繼即記其地之沿革者二三次。由此觀之，元之建置泰州，蓋在成宗武宗二帝之世。要之元延祐二年以後，今郭爾羅斯(Gorlos)前旗之西境，有稱爲泰寧府又稱泰寧路，一行政區之治所，殆無庸疑。其管轄區域，元史未曾記載，無由知之。但由當時開元，咸平，大寧，全寧等諸路之管域推之，蓋今之洮南府以南至西喇木倫之地域，皆在其管內。則洪武二十二年所置之三衞之名，無論何人皆能知兩者之間，當有連絡。即泰寧衞之名，可想爲出自元之泰寧者。但吾非謂元之泰寧路，與明之泰寧衞區域相同也；惟知衞名與路名之間，必有關係耳。

(1)參看滿洲歷史地理第二卷八七頁。

(2)同上三八四頁。

## （b）福餘衞

福餘之名，在明初以前，全無所見。惟聲音相近之扶餘，夫餘則自漢代已有之。夫餘盛時，領有新城縣以南松花江之全流域。夫餘國於東晉永和二年（西元三四六）被前燕慕容皝所滅。然似未入前燕之版圖，而被土豪所據；至西元四九四年被高句麗所併，其國全亡。高句麗於其地築扶餘城，爲高句麗西北境之雄鎮，直至被唐滅時，依然著名。而扶餘城爲古扶餘國之首府，或在其近處，殆無可疑。其地在今農安附近，亦爲學界之定說。唐代渤海國全盛之時，亦置扶餘府於此城，至遼始改爲黃龍府，金則改爲濟州，隆州，隆安府等名。元以黃龍府之名，一時爲開元路之治所。明初改爲龍安，至淸始訛爲農安（1）。元明時代，土名雖不呼爲扶餘，但中國習慣每以古名爲雅，故扶餘之名，永爲學士文人所通用，殆永未能忘也。明初兀良哈三衞之一之命名，所以用福餘者，無非用扶餘古典耳。人或以農安之地距潢水較遠，且當河之東北方，因謂吾人之推測稍有附會之嫌，吾亦知之。但泰寧衞之名既出自元之泰寧，今之科布爾察罕泊附近之地名；則以福餘衞之名擬農安附近之古扶餘，亦決非無稽也。況三衞之一之朶顏之名之起原，亦在今新城縣西南耶。

（1）參看滿洲歷史地理第一第二卷。

## （c）朶顏衞

三衞中泰甯之名，以前朝之泰甯路爲其起原；福餘之名，以唐代以前之扶餘爲其起原。獨朶顏之名，欲在今潢水之北或其東北，求古今之近似名稱，竟不可得。吾人因欲以元之叛王乃顏（Nayan）之名爲其起原，讀者或驚吾說之奇，今姑考證如左：

乃顏者，成吉思汗末弟帖木哥斡赤斤（Temuge-Uchigin）之玄孫也（1）。至元二十四年四月，擧兵於東蒙古而叛世祖，遙應叛王海都（Khaidu），滿洲西部一時大亂。世祖親征之，至是年九月，始全平定。乃顏領有帖木哥以來之分地，在今洮兒河下流流域及嫩江之東西（2）；此外又似占領伊通河下流流域者（3）。邱處機西遊記曾謂帖木哥之牙帳在陸局（Kerulen）河東南，但此爲太祖西征時，因監國之必要上所設之臨時牙帳；決非常住之牙帳也。然則其眞牙帳究何在乎？則全不可考；只能在彼東方分地內推測之耳。因而乃顏之牙帳所在，亦無由知之。由當時之形勢考察之，今哈爾濱（Kharbin）西南伯都訥（Petuna）之東，松花江北岸附近之珠家城子，即當時之肇州，或其地乎？肇州自元初以來至明之中葉，爲滿蒙境上之重鎭，當交通上之要衝，宛如今哈爾濱之地位。且乃顏出兵於建州（今吉林）以南而襲咸平（今開元），一時遼陽行省全部震駭，由此推之，肇州或其附近，當爲彼之根據地也。以上推測，在記錄上本無何等確據；若視爲一種臆說而斥之，則無如之何；若認爲有若干理由，則當時之肇州，既爲乃顏根據地，則爾來元人皆相傳此地爲乃顏故地，至明初建衛之際，乃本此所傳而稱兀良哈之一衛以朵顏之名歟？乃顏，據拉施特集史稱爲 Nayan 與朵顏之今音 Toyen 殊不相似；但朵字之音，亦有作 Na 或 No 者，試觀蒙古游牧記卷二喀喇沁條謂：『朵顏近譯改作諸音(No-yin)自明。』

(1)(2)參看元史譯文證補卷一下太祖諸弟世系。

(3)滿洲歷史地理第二卷四二二頁。

# 四　結論

如上所述，則（一）兀良哈當遼代之初以嗢娘改（一作斡朗改）之名傳於世，其住地在臨潢（今巴林附近）之西北。（二）自元之傳說時代至創業時代，以兀哴孩，兀哴罕，兀哴合，兀良合，兀良等名傳於世。其住地在今斡難河之上源地及肯特山下之平野。（三）元代波斯人拉施特之記錄中用 Uriankha, Uriankhit 之名記之，其住地在今貝加爾湖東北，同時又云在湖西葉尼塞河之上流，甚爲曖昧。（四）祕史所謂『林之民』之分布區域，與淸初之烏梁海，及近代西洋人所謂 Uriankh 之分布區域略同。今之興安嶺山脈以西額爾齊斯(Irtysh)上流流域以東中俄境上之森林爲彼等住地。（五）據此等理由以推測之，知元代之 Uriankha, Uriankhan 與今日之烏梁海及 Uriankh 分布區域大體相同。（六）再研究三衞名稱之由來，泰寧以元代之泰寧爲其起原，福餘出自漢代以來之夫餘，朶顏則根據領有滿洲西境及東蒙古東邊之元宗室乃顏之名者。於此有應提出之問題，卽元代及淸代以來之 Uriankha，皆爲在森林中以採捕爲業之部族；獨明代之兀良哈，爲游牧或土著於東蒙古之平野者。其名稱之所以相同者，或係森林生活之人民移住者歟？若爲移住者，則由何時何地移來？又其名雖似相同，其種族果相同否？

吾人既先揭結論之要點，以後當說明其理由。據吾人所見，明初據潢水以北之兀良哈，爲元代或其以前散居今中俄境上 Uriankha 部族之一部移住者，非由貝加爾湖以東之同部族分遙離者。而其祖先則爲遼遠之葉尼塞河上流地方之人。其移住年代，推爲在元世祖至元年間。吾人能得此結論之重要根據，實爲元史卷一百六十九劉哈剌八都魯(Liu Khara Bâdur)傳。其文如左：

至元二十七年，遷正奉大夫河東山西道宣慰使，居二年召還，帝諭之曰：自此而北，乃顏故地，曰阿八剌忽者，產魚，吾今立城，而以兀速、憨哈納思、乞里吉里三部人居之，名其城曰肇州，汝往爲宣慰使。

元史地理志遼陽等處行中書省廣寧府路條，亦引用此文；但彼此稍有異同，而足相發明。茲再錄之如左：

按哈剌八都魯傳，至元三十年，世祖謂哈剌八都魯曰，乃顏故地，曰阿八剌忽者，產魚，吾今立成，而以兀速，憨哈納思，乞里吉思三部人居之，名其城曰肇州，汝往爲宣慰使。

據傳，則世祖任命哈剌八都魯爲肇州宣慰使似在至元二十九年；據志則在三十年。傳中作兀速，志中作元速，當以傳爲正。傳作乞里吉里，志作乞里吉思，當以志爲正。其理由詳見下文，玆略之。今就此文進一步以硏究之，乃顏如朵顏衞條所言，爲元宗室之一人，至元二十四年叛世祖，擾亂東蒙古及滿洲西北部者也。『自此而北』不知何指，但世祖夏季槪避暑於上都，當爲居上都時之語，因而可解作『今西喇木倫以北』。『阿八剌忽者』之語義未詳（1）。憨哈納思，卽祕史所謂含卜合納思（Khabuk hanas）元史類編卷三十朮赤傳引用之大方通鑑，作慽哈納思；親征錄有憾哈思乃脫納字者。元史地理志西北地附錄，有撼合納乃脫思字者（2）。乞里吉思，祕史中作其複數之形，曰乞兒吉速惕（Khirghisut）；元史太祖本紀作乞力吉思；世祖本紀作乞里吉思，乞里古思，吉利吉思，乞兒乞思，乞兒吉思等；成宗本紀作乞而吉思；地理志作吉利吉思。兀速，卽大方通鑑之烏思，親征錄之爲思，元史地理志之烏斯，祕史之兀兒速惕（Ursut），拉施特之 Urasut，元史英宗本紀之兀兒速，蓋皆同名異譯者。吾人此種比定，決非只據字音之近似而言者，有元史地理志之文爲確實之根據。其西北地附錄條曰：

吉利吉思者，……南去大都（今北平），萬有餘里。相傳乃滿（Nan-man）部始居此。及元朝析其民為九千戶，其境長一千四百里，廣半之。謙河（3）（今葉尼塞河上流）經其中，西北流，又西南有水曰阿浦（殆今之鄂畢河），東北有水曰玉須（未詳），皆巨浸也。會於謙而注於昂可刺河（今之安加拉 Angara 河），北入於海。……烏斯亦因水為名，在吉利吉思東謙河之北。其俗每歲六月上旬，刑白馬牛羊灑馬湩，咸就烏斯沐漣（沐漣 Muren 蒙古語河也）以祭河神，謂其始祖所從出故也。撼合納猶言布囊也，蓋口小腹巨，地形類此，因以為名，在烏斯東，謙河之源所從出也。其境上惟有二山口可出入。

據此文推之，當時之吉利吉思，似包含今安加拉（Angara）河上流至鄂畢（Obi）河上流，及托木斯克（Tomsk）葉尼塞斯克（Yeniseisk）等諸城所在地。撼合納在 Bei Kem 河流域。烏斯，如洪鈞所言（4）近於中國之境，據有注於葉尼塞河之 Ussu 河流域，以今 Ussa 城附近為其中心。三部地域之相隣接既如此，而祕史謂朮赤受斡亦喇惕（Oirat）不里牙惕（Buriat）巴兒渾

(Barghun) 兀速惕 (Ursut) 合卜合納思 (Khabukhanas) 康合思 (Kankhas) 禿巴思 (Tubas) 之降。親征錄亦謂朮赤招降『不困克兒，爲思，㺚哈思，帖良兀，克失的迷，火因亦而干諸部』。大方通鑑記同時之事曰『朮赤伐烏思，㺚哈納思，帖良兀，克失的迷，火因亦兒干等部皆降之』(5)。拉施特集史謂『Kem 河上流有八河，Oirat 居其左，其近東有 Urasut, Telenkhut, Kestimi 之「林之民」居貝加爾湖西與 Oirat Kheirghis 爲隣。』吾人覺烏斯，烏思等種種異名，爲兀速之異譯，決非附會之說可知。但謂 Uesu 及 Ussu 與 Ursu, Urasu 爲同音異譯，似稍欠妥；但親征錄之爲思，及大方通鑑之烏思，卽祕史之 Ursu，集史之 Urasu，既可以承認則由 Urasu, Ursu 轉爲 Usu，斷不能謂不當也。

此種枝葉問題，原無議論之必要；但據上文所說，元史地理志之烏斯及撼合納，與劉哈剌八都魯傳之兀速及憨哈納思，既可認爲同名異譯；則可更進一步，據哈剌八都魯傳謂世祖使乞里吉思，兀速，憨哈納思三部人居所謂乃顏故地，築城於其地，名曰肇州者，卽世祖使此三部人由某地移居此處也。其移居也，果由彼等之原住地移來乎？抑既移別地而更移乎？原不能明。但本文既未曾明記，則認爲由原住地遷移者，似較穩當。果然則彼等當至元三十年或其以前，乃由今唐努山以北，葉尼塞河邊之地移居肇州或其附近者。元史關於乞兒吉思(Kirgis)斷片的記事，凡十數處。世祖本紀至元二十六年條云：四月己巳，乞兒乞思戶居和林，驗其貧者賑之。……七月，發和林所屯乞兒乞思等軍北征。』三十年條云：『七月壬申，以只兒合忽所汰乞兒吉思戶七百屯田合思合之地。』成宗本紀大德九年條云：『秋七月，給脫脫所部乞而吉思民糧五月。』由此考之，乞兒吉思人有居和林(Orkhon 河岸之 Erdenidsu)者，有居合思合（位置未詳）者，有居脫脫領地（位置未詳）者，此等零碎記事，已足證明乞兒吉思人之一部，曾移居於各地矣。至其他二部之民，元史中似無何等記載，但可推測爲同樣之事實。至移住之乞兒吉思部民，元史中自至元二十六年始見之。蓋在此年稍前，此部之民有移住或分散之事，而與移居肇州方面者似在同時。惟此全由於臆測，固非可主張者。但此部民之移住或分散，可認爲海都叛亂之結果。此事在元史中原無所見，但朔方備乘卷三十四元代北徼諸王傳中海都傳之末，有『自海都創亂，其民七十餘萬散居雲朔間』之語，此語若可爲根據，則海都領內乞兒吉思等三部之民，避亂於漠南，庶幾有證。元史譯文證補引用劉哈剌八都魯傳之後曰『蓋其時海都叛亂，漠北民避兵而南者七十餘萬，乞兒吉思東西分徙，或者此時』云云，此語或有當乎（6）？要之，乞兒吉思等三部之民，自移或被移於乃顏故地，爲世祖至元年間事，殆無可疑。肇州城在今新城縣東南遜扎堡站東北十華里之珠家城子，金初曰出河店，太祖天會八年改名肇州，屬上京路，金末一時爲廢城，世祖至元三十年再興之，吾人曾加詳論，今不復贅（7）。

據以上之所絜說，第一，名爲兀良哈之部族，其分布區域，非常廣汎，東自尼布楚(Nerchinsk)地方，西至額爾齊斯（Irtysh）河上流中俄境上森林中，皆其住地。因而元代之乞里吉思，兀速，憨哈納思三部族，皆可入此兀良哈之範圍，可以證明。第二，肇州城再興之際，居住其地之同名三部族，爲由其原住地自移來或被移之事，亦得證明。第三，朵顏，泰寧，福餘三衞之名，皆以滿蒙境上前代之地名，或領有此地域最著名之人物之名，爲其起源，亦可證明。以上三個證明，若幸而得當，始可得結論如左：

明初住潢水以北，後漸南下，彌漫於塞外，明代爲北方禍源之一部族，名兀良哈者，其名實爲乞兒吉思，兀速，憨哈納思三部，由唐努山以北東徙以前，彼等及彼等以外幾多部族之總稱，其後經元代而傳於明代者。

除元室創業時代記錄以外，世祖時代以後記錄中，果否有兀良哈名稱乎？吾人檢索元史，僅得其一；卽世祖本紀至元二十五年條：『十一月辛卯，兀良合饑民多殍死，給三月糧』是也。但其方位及區域，全不能明。所謂兀良合者，明爲部族之名；其譯文與明初以來之兀良哈，甚爲近似；唯其所指之部族，爲中俄境上森林民族之一部，抑爲移住滿蒙境上乞兒吉思等三部之民，無由知之。但貝加爾湖以東之 Uriankha，與阿爾泰山附近之 Uriankha，元史中絕無所見，而葉尼塞河上流流域之 Uriankha，則常以乞兒吉思，憨合納思等各部族之名記之。由此推之，上文所引至元年間所謂兀良合之名，或可認爲卽移住東蒙古者歟？然其後其名全未見於元史，至明初所以突然再見者，蓋元初管轄滿洲北部一帶地之開元路，其黃龍府（今農安）之治所，已撤而退於遠在南方之咸平府（今開原）(8)，同時元人在滿蒙境上之經營，甚爲緩漫；其記錄缺乏，亦自然之理也。元史者，有名之粗製品也，明初史官，未肯搜羅窮北僻遠之史實，遂逸兀良哈之名，亦不難想像。兀良哈之勢力，在元代殊無足述；至明代中葉，始爲屢擾明邊之強大部族。明人欲討究其事蹟，但明初以來之史實雖存，而元代史實已無何等傳述，而不可考矣。余不敢謂對於兀良哈及三衛名稱之由來研究已盡，惟姑述鄙見以期後日之完成而已。　大正二年除夜稿。

(1)關於此點，在本書第十四篇元代之東蒙古第四節太祖諸弟之分封條中補說之。

(2)成吉思汗實錄三九八—九頁，及元史卷二十七英宗本紀至元元年八月條，皆作愍哈納思。

(3)今葉尼塞河上流稱 Kem，雖有 Ulu kem, Bei kem 等；但昔似稱葉尼塞河之全流爲 Kem，至少亦非限於中國境內之上流。

(4)元史譯文證補卷二十六下。

(5)火因亦兒干，祕史作槐因亦兒堅；槐因者『林之』之意，亦兒堅者『民』也，合爲蒙古語『林之民』之意，卽諸部之統名，而非部名。親征錄及大方通鑑之作者不知而誤爲部名，見成吉思汗實錄四〇一頁。

(6)第二十六地理志西北地附錄釋地下。

(7)滿洲歷史地理第二卷滿洲之元之疆域開元路補遺。

(8)同上開元路條。

# 兀良哈及韃靼考下

## 目次

韃靼考

# 兀良哈及韃靼考下

## 一　緒言

韃靼，在中國史籍中，譯作達靼，達旦，韃韃，達達，達打等字，皆 Tatar 之對譯也。波斯人作 Tatar，歐洲人呼爲 Tartar。本篇所以題名爲韃靼考者，以韃靼二字自明代以來，爲中國慣用之名故也。

韃靼本爲一部族之名稱，其後漸次擴大遂成中國北方諸民族之總稱；更進而爲亞細亞大陸北方民族之總稱。然除此廣義之韃靼外，同時又有狹義之韃靼。故每當韃靼名稱見于史籍時，因其部族住地，不易考定；於是在研究歷史方面，殊感不便。西洋人關于韃靼之研究，自 De Guignes 以來頗盛。因十三世紀中，蒙古人侵入歐洲，歐洲人呼之爲 Tartar，遂惹起研究此民族之興味，即欲研究驚殺彼等之祖先，危殆彼等宗教與國家之 Tartar（當以 Tatar 爲正）之原住地風俗習慣也。此類之書，自 Plano Carpini 紀行錄始，關于 Tatar 之記錄及研究，殆不遑枚舉。今若一一搜尋此等西洋人研究之蹤跡而紹介之，則未免太煩。故吾人只望讀者一閱 Vivien de Saint-Martin 之 nouvean dictionnaire de géographie universelle, Paris, 1894 中 Tatar 一項耳。此一項乃記述西洋諸家之 Tatar 研究之梗概，又加以作者之見解者，爲一篇適當之論文。其中曾詳述有 Tatar (Tartar) 名之部族之種類及分布，故得知 Tatar 研究之沿革，又可概見此種族之現狀。此書以後，雖有若干關于 Tatar 之研究，已無特言之必要矣。然若謂 Tatar 之研究，自西洋人研究之後，已無研究之餘地，則大不然。蓋中國史籍中之韃靼，尚未加以批判與解釋也。此一小篇特披瀝吾人之見解，以乞大雅之教正。至對於西洋人韃靼研究之解說與批評，尚擬俟諸異日。

## 二　陰山之韃靼

中國史籍，自唐宋之際之編纂，始見有韃靼二字。如舊唐書僖宗紀，舊五代史唐武皇紀，新唐書沙陀傳，新五代史韃靼傳等材料蓋無大差。新五代史（卷七四）韃靼傳，述此民族之起源如左：

韃靼，靺鞨之遺種，本在奚契丹之東北。後爲契丹所攻，而部族分散，或屬契丹，或屬渤海。別部散居陰山者，自號韃靼。當唐末，以名見中國。有每相溫，于越相溫，咸通中從朱耶赤心討龐勛。其後李國昌克用父子爲赫連鐸等所敗，嘗亡入達靼。後從克用入關破黃巢，由是居雲代之間。其俗善騎射，畜多駝馬，其君長部族名字不可究見，惟其嘗通於中國者可見云。

歐陽修此段記事之根據，蓋在宋白之文。宋白者，宋初文士也，爲歐陽修以前數十年之人。嘗編修太祖實錄；見宋史本傳。資治通鑑（卷二五三）唐僖宗紀廣明元年條，胡三省曾引宋白之文以註之，如左：

韃靼者，本東北方之夷，蓋靺鞨之部也。貞元元和之後，奚契丹漸盛，多爲攻劫，部衆分散。或投屬契丹，或依于渤海，漸流徙于陰山。其俗語訛，因謂之達靼。唐咸通末，有首領每相温，于越相温，部帳于漠南，隨草畜牧。李克用爲吐渾所困，嘗往依焉。達靼善待之，及授鴈門節度使，二相温帥族帳以從。克用收復長安，逐黃巢於河南，皆從戰有功，由是俾牙于雲代之間，恣其畜牧。

宋白所謂『蓋靺鞨之部』，一語乃存疑之言，歐陽修遂斷爲『靺鞨之遺種』，司馬光亦記爲『靺鞨之別部。』歐陽修對宋白所謂『其俗語訛因謂之達靼』之說，未曾言及。洪景盧則左袒之云：『蕃語以華言譯之，皆得其近似耳。天竺語轉而爲捐毒身毒，禿髮語轉而爲吐蕃，達靼乃靺鞨也』（資治通鑑卷二五三胡註）。達靼爲靺鞨之轉訛之說，雖無足取，但宋白所謂『本東北方之夷』一語，殆爲宋白之誤解，或當時之俗說。故所謂遷徙陰山事，未必可信。然宋歐之記載，久爲後世學者所沿襲。宋黃震古今紀要逸編（元朝祕史卷一李文田注所引）云：『韃靼與女眞同種，皆靺鞨之後。其居混同江者曰女眞，其居陰山北者曰韃靼。』宇文懋昭大金國志云：『韃靼之先與女眞同類，蓋皆靺鞨之後也……乃黑水遺種，其居陰山者自號爲韃靼。』蓋宋歐諸家，將達靼之原住地誤爲『契丹之東北，』其後乃附會而又附會矣。惟孟珙之蒙韃備錄曰：『韃靼始起地處契丹之西北，族出於沙陀別種，故於歷代無聞焉』此說獨不從新五代史以下之說。彼謂契丹之東北，此則謂契丹之西北；彼謂與靺鞨女眞同種，此則謂沙陀別種。孟珙之說何本今已無由知之；但其說則頗足傾聽也。蒙韃備錄，成于宋寧宗嘉定十四年，金寧宗興定五年，元太祖十六年。乃太祖（成吉思汗）時代之蒙古見聞錄也。所記雖難云悉確，然欲以此上之智識望于當時之宋人，亦難矣。著者孟珙，呼蒙古爲黑韃靼，略知爲住于漠北草地，乃以『契丹之西北』擬爲韃靼之始起地，亦無足怪。至其種族，則指爲在遠西有根據地之沙陀部別種，則不免使人懷疑其果否適當也。蓋沙陀爲西突厥之別部，原稱處月居蒲類海（今巴里坤 Barkul 湖）之東。其地有名爲沙陀之大磧，故號沙陀突厥，實居今甘州肅州以北之沙漠中也。然孟氏之說亦未嘗毫無理由；元閻復之駙馬高唐忠獻王（闊里吉思）碑云：『謹按家傳系出沙陀鴈門節度之後。始祖卜國汪古部人，世爲部長』（元文類卷二三）。元史（卷一一八）阿剌兀思剔吉忽里（闊里吉思之曾祖父）傳，亦有與此略同之記事。汪古，祕史作汪古惕（Onghut），親征錄作王孤，元史諸傳作雍古。太祖本紀將應稱爲汪古部主之阿剌忽思，稱爲白達達部主阿剌忽思。由此考之，白達達爲汪古之漢名，已無容疑。則謂蒙韃備錄古今紀要之白韃靼，黑韃事略之白韃，皆與此同，亦盡人所首肯者。然所謂汪古部長爲『沙陀鴈門節度之後』者，鴈門節度卽指唐末沙陀部長李克用也。所謂家傳雖未必足信，但觀當時之韃靼與李克用之關係，無論如何，亦可想像韃靼爲沙陀之一部。要之，成吉思汗時代之白達達，卽係汪古。旣有汪古祖先爲沙陀之傳說，則以白達達爲沙陀之後裔固亦無妨。吾故曰孟珙謂韃靼出自沙陀之別種，未嘗毫無理由也。然亦僅韃靼一種之白韃靼，可推測爲沙陀之後裔耳。至他一種黑韃靼，則爲純粹之蒙古種。在種族上，與沙陀無何等關係，已無待言。然以記載蒙古事情爲目的之孟珙，于蒙韃備錄之開始，謂『韃靼始起地處契丹之西北』，尙無不可；乃此文之下，直接『族出於沙陀別種』一語，實重大之誤謬也。或者孟氏對于白韃靼之系統，亦未經前記之考據，而漫然記述之者乎。果爾，則其韃靼之方位與種族之說，所以全與舊說不同者，只可謂偶合於眞相，不能必推獎爲彼之卓見也。汪古（卽白達達）之住地，當唐末及五代之世，與韃靼同在陰山附近，後段當詳述之。

宋太宗時王延德出使高昌國（今吐魯番附近）之紀錄（1）中，詳記陝西甘肅邊外，西至額濟納河邊，爲『九族達靼』所居。遼史聖宗紀亦云：『統和二十三年六月己亥，達旦國九部遣使來聘。』此乃傳宋初以至中葉之達靼消息者。契丹國志之天祚帝紀耶律余覩傳，大金國志之太宗紀，元史地理志之河源附錄(2)，皆表示宋末及元代之韃靼（達達），散居陰山賀蘭山方面者。至白達達與賀蘭山方面之韃靼之關係，及此等韃靼與阻卜之關係，當於後節述之。

(1)文獻通考卷三三六四裔考車師前後王（卽高昌）條所收九族達靼者，卽都囉囉，茅女喎子，茅女王開道，臥梁劾特，大蟲太子，屋地因，達于于越王子，拽利王子，阿墩也。散居黃河之東至額濟納河之西。宋史卷四九〇高昌傳亦載此紀錄而稍有不同。在『達于于越王子族』之下脫漏『此九族達靼中尤尊者』一句。

(2)松井學士契丹可敦城考引用此等原文。

## 三　興安嶺西之韃靼

蒙古勃興史上有名部族之一之塔塔兒(Tatar)，乃韃靼之完全對音也。其游牧地，幸元朝祕史有明文可以比定。漢譯祕史脫誤甚多，故吾人常用那珂博士和譯之祕史（即成吉思汗實錄）。

祕史卷一云：

居于不余兒納兀兒闊連納兀兒二湖間之兀兒失溫木漣者，有阿亦里兀惕備嚕兀惕之塔塔兒之民。俺巴孩合罕與之以女，自送其女前往時，塔塔兒主因之民，拏俺巴孩合罕，乞塔惕之阿勒壇合罕，率而往時，……（三一頁）

同書卷五云：

狗之年秋，成吉思合罕，與察阿安塔塔兒，阿勒赤塔塔兒，都塔兀惕塔塔兒，阿魯孩塔塔兒等塔塔兒，在答闌捏木兒格思，……交戰。擊勳塔塔兒，勝之。在兀勒灰失魯格勒只惕集（彼等）於彼等之國而虜之（一七四——五頁）。

不余兒納兀兒(Buyur naghur)，卽今之貝爾泊(Bär Nôr)。闊連納兀兒(Khülen naghur)，卽今之呼倫泊(Rhulun nôr)。而兀兒失溫木嗹(Urshighun müren)爲今之烏里順(Urshun)河，亦不待言。故阿亦里兀惕(Ailighut)，備嚕兀惕(Birughut)二族之住地，據此可知。主因(Djuin)族之住地不詳；但必在其附近，無疑。然塔塔兒除右三族外，仍有四族，據第二段引文可知。若以此與Rashid-eddin之蒙古史相參照，則有 D'Ohsson Histoire des mongols, I, note I 之譯文如左：

Tatares 住于 Bouyir 湖之周圍，分六族，卽 Toutoucalioutes, eltchi, Tchagan, Couyin, Terate, Bercoui 是也。

Berezin 之 Sbornik Lyetopisei, I, 49—51，謂 Tatar 之幕庭在 Bair nôr。並舉 Tatar 之六族如左：

Tatar Tutukulint, T. Ancki, Belye T. (Chagan T.), T. Kiuin, T. Nereit, T. Bargui。Berezin 之 T. Anchi，相當于親征錄及元史太祖本紀之案赤塔塔兒；

爲 elchi 又 alchi 之轉訛。Couyin 與 Kinin，Bercouï 與 Bargui，雖相符合；但與祕史之 Djuin 及 Arkhai 小異，未知孰正？祕史之 Birughut，D'Ohsson 作 Térate，Berezin 作 Nereit，孰爲可據，後文當詳言之。Toutoucalioutes 與 Tutukulint 雖屬同一；但祕史中 Dotaghut 與 Ailighut 爲二族，蓋爲 Rashid 原書之誤。如是則塔塔兒分七族。據 Rachid，似皆居 Bör nôr 附近。然據祕史，則居于 Bör nôr 附近者，僅 Ailighut, Birughut 二族。其他五族，則游牧于其南，卽塔塔兒部族之地域，北自 Khulun nôr 附近，南至 Shigheldji, Igue 兩河之流域也（1）。

（1）成吉思汗實錄一七四—六頁註。

蒙古定宗時，來至漠北之西洋人 Plano Carpini（1），謂塔塔兒又呼爲 Su-Mongal，因有爲 Tatar 之河，流于境內，故有此名云。由此察之，似 Urshun 河之古名爲 Tatar，然此殆彼之誤聞，或俗說也。又據 Beazley 之說（2），謂 Su-Mongal，卽波斯史家 Wassaf 之所謂 Su-Moghul，Abulfeda 之所謂 Sy-Mogol，中國人所謂水蒙古水達達者。但中國記錄中，無水蒙古字樣。水達達之名，則元史世祖紀以下頻見之。然指居住黑龍江下流流域之 Tunguse 民族者(3)。成吉思汗於討滅 Kereit, Merkit, Naiman 三部之前，所征伐之 Su-Mongal，一名 Tatar 者，即祕史所謂塔塔兒也(4)。

(1) **C. R. Beazley, The Text and Versions of John de Plano Carpini and Willians de Rubruquis. p. 114.**

(2) Ditto, p. 275.

(3) **黑韃事略，斛速益律子註水韃靼，後文當說明之。**

(4) **Beazley. p. 114.**

因研究 Plano Carpini 紀行所謂 Tatar，當就突厥闕特勤碑(1) Yenisei 文中之 Tatar 一言之。闕特勤 (Kül-tägin) 之碑，乃唐玄宗開元二十年(732 A. D.)，建于漠北 Orkhon 河東 Tsaidam 湖之傍者。一面刻漢文，他三面刻 Zenisei 文，世人久忘之矣。Finnland（芬蘭）學者 A. Heikel 發見之，介紹于學界。關于 Tatar 之記事，在東面 Yonisei 文中。今將白鳥博士之譯文

（2）摘記于左：

且泣且歎之前方日出處猛烈沙漠之民，Tabgač, Tüpüt, apar, aprim, Kirgiz 三姓 Kurikan, 三十姓 Trtar, Kytai, Tatabi 等民來旣歎且泣（3）。

右爲 Tabgač 之民敵，左爲 Baz 可汗九姓 Oguz 之民敵，Kirgiz, Kurikan, 三十姓 Tatar, Kytai, Tatabi 皆敵也（4）。

在此簡短之記載中知，Tatar 當唐開元年間已爲分三十姓之一大部族。且兩舉之于 Kirgiz Kurikan 之後，Kytai Tatabi 之前。所謂 Tatar 者，與成吉思汗時代之塔塔兒（蓋即當時之蒙古諸民族）略同。其游牧地似在契丹之西北。蓋唐代之 Kirgiz （唐書之結骨），居回紇之西北。Kurikan（唐書之利骨幹）居 Kirgiz 之北。而 Kytai(契丹）據 Sira-Müren 之南，Tatabi（唐書之霫）（5）據同河之北。果爾，則此闕特勤碑文實爲關于 Tatar 之最古記錄。此最古之 Tatar 居興安嶺西之地，與中國史籍中最初之 Tatar 居于陰山附近者，住地全異，故其種族亦異。是宜注意。

（1）參看白鳥博士突厥闕特勤碑考（史學雜誌第八篇一〇九四—一一二四頁）及 W. Radloff, Die Alttürkischen Inschriften der mongolei, I. Falge, ss. 3—40.

（2）東胡民族考（史學雜誌第二十三編一三一頁）。

（3）Radloff. ss. 5—6.

（4）Ditto. ss. 10—11.

（5）東胡民族考（史學雜誌第二十三編一一七頁）。

玆再就遼代之韃靼一言之。契丹國志（卷二二）『四至鄰國地里遠近』條，有關于達打國之記載。達打與韃靼及達達當皆爲 Tatar 之同音異譯者。其文曰：

正北至蒙古里國，無君長所管，亦無耕種。……不與契丹爭戰，惟以牛羊駞馬皮毳之物，與契丹爲交易。南至上京四千餘里。又次北至于厥國，無居長首領管押，凡事並與蒙古里國同。甲寅歲，曾率衆入契丹國爲盜。聖宗……大破其國云云。又次北西至鼈古里國，又西北口口口口，又次北近西至達打國，各無君長。每部族多者三二百家，少者五七十家。以部族內最富貴豪者爲首領，不常厥居，逐水草，以弋獵爲業。其婦人皆精於騎射，常與契丹爭戰，前後契丹屢爲國人所敗，契丹主命親近爲西北路兵馬都統，率番部兵馬十餘萬防討，亦制禦不下。自契丹建國已來，惟此三國爲害，無奈何。番兵困乏，契丹常爲所攻。如暫安靜，以牛羊駞馬皮毳爲交易，不過半年，又却爲盜。東南至上京六千餘里。

蒙古里卽 Mongol，當時居 Argun 河邊。于厥又作于厥里，烏古烏古里亦同，當時居 Khalkha 河以北（1）。按契丹國都臨潢之方位言之，前者居正北，後者居北（胡嶠陷虜記（2）云在西北），可云得當。其他記事略與正史一致。唯鼈古里不詳，或卽 Plano Carpini 之所謂 Mecrit （3），殆指祕史之 Kereit（客咧亦惕元史之克烈）乎？又西北又有一國，因原書脫文，其名無由知之。試塡以『至轄劫國』四字，殆卽祕史之 Merkit （篾兒乞惕）也。轄劫子見於陷虜記。如是則達打似居契丹之北，稍偏於西方，而當于厥之西。果爾，則認爲祕史之塔塔兒之前身，當無誤也。但 Kereit Merkit, Tatar 三國，自契丹建國以來，曾寇邊否？遼史中雖無明文，但道宗紀有征討梅里急（Merkit）之記事，又有征伐茶札剌（Djadjirat）及西方諸部之記事。由是察之，遼史之無記載者，疏滿之故也。契丹國志之記載，或甚確實，亦未可知。遼史中關於韃靼之簡短記載（4），太祖紀有一次，聖宗紀有二次。但此韃靼，乃在陰山方面者，與契丹國志之達打同名異族。然則遼史對此興安嶺西之韃靼，竟無何傳述乎亦不必然。遼史中頻見之敵烈，殆即契丹國志之達打，祕史之塔塔兒之前身也。下章當述其理由。

（1）于厥之住地，後文詳論之。

（2）五代史卷七三四夷附錄所引。

（3）Beazley. p. 114.

（4）『神冊三年二月達旦國來聘』（卷一）。『統和二十三年六月己亥達旦國九部遣使來聘』（卷一四）。『開泰二年正月達旦國兵圍鎮州，州軍堅守尋引去』（卷一五）。

## 四　敵烈與韃靼

敵烈爲興安嶺西之遊牧部族，其名始見於遼史。異譯頗多，迪烈，迭烈，迪烈於，敵剌，敵烈德，迪烈得，迭烈德等皆是也。又有烏古部，遼史常與敵烈連稱爲烏古敵烈部。烏古又作烏古里，羽厥，于厥，于厥里，于骨里，烏骨里等。陷虜記作嫗厥律。津田氏作有遼代烏古敵烈考（1），曾詳細研究兩部之名稱住地。結果推定曰：『烏古部爲居喀爾喀河（遼史之于諧里河）流域之部族。其北方海剌爾河（遼史之海勒河）及額爾古納河（遼史之臚朐河）上流附近，蓋亦此部或其同族之遊牧地也。』敵烈部之結論曰：『殆以烏里順河（遼史安眞河）流域呼倫泊附近爲其遊牧地。』吾人甚敬服津田氏之說，同時想到蒙古勃興史上之翁吉喇惕（元史弘吉剌）部遊牧地與烏古部全同。塔塔兒部之遊牧地與敵烈部全同，不禁爲之一驚。塔塔兒部之位置已述於前。翁吉喇惕之遊牧地，徵於祕史元史自明。祕史卷一曰：

也速該巴阿秃兒，於帖木眞九歲時，欲在訶額侖額客外家斡勒忽納兀惕之民之處，由彼之母方之舅等求其女。因率帖木眞而往。往時在扯克徹兒，赤忽兒古二山間，遇翁吉喇惕之德薛禪（成吉思汗實錄三九頁）。

扯克徹兒，赤忽兒古二山之位置不詳。但翁吉喇惕之一部之名爲斡勒忽納兀惕(Olkhunaghut)者，若與『合勒合河之斡兒納兀山』（實錄三一九頁）爲同一地方，則此二山當近於Khalkha河流域。又西曆一二〇二年，成吉思汗與客咧亦惕之王罕父子戰於合剌合勒只惕（今烏珠穆沁左翼之地），勝敗未決，退於北方，會沿 Khalkha 河之兩岸而行軍。祕史在此事之後，記曰：

合勒合河注於不余兒納兀兒，其發源地，知有帖兒格阿篾勒等翁吉喇惕，使主兒扯歹領兀嚕兀惕而往……（實錄二一九——二二〇頁）

觀此，則自 Khalkha 河下流至 Bör nôr 附近，皆爲翁吉喇惕（至少亦其一部）之遊牧也，無疑矣。更觀元史（卷一一八）德薛禪傳，記翁吉喇惕之原住地如左：

初弘吉剌（翁吉喇惕）氏族居於苦烈兒温都兒斤，迭烈木兒也里古納河之地。

苦烈兒温都兒斤，乃旱(Gan)得爾布爾(Dorbur)額爾古納(Argun)三河間之苦烈業爾

(Kurêr) 山也。(屠寄蒙兀兒史記成吉思合罕本紀二) 迭烈木兒(一作迭烈不兒)卽太祖紀之禿律別兒,亦卽今之得爾布爾河也。里古納卽今之額爾古納河。故知翁吉喇惕之遊牧地,北自 Argun Dorbon 兩河流域,南及 Khalkha 河流域,與津田氏考定之遼代烏古遊牧地相符。於是吾人知烏古之一名烏古里,于厥里,于厥律,與翁吉喇(惕者複稱也)之一名弘吉剌,甕吉里,雍吉烈,似爲同音異譯者。烏于等字爲 yü 或 ü 之音。翁,弘,甕,雍等字,爲 Ong, Khung, Yung 之音。但其間本有若干相異之處,僅由字面上求兩者之比定,原屬不當。惟軟音亦有時可變爲硬音,又 Mong-gol 有轉爲 Mogal,更有轉爲 Moal 者。其名稱旣相類似,其位置又相一致,則決非偶然矣。但遼史之烏古與祕史之翁吉喇惕,其住地同,其名稱亦相似;遼史之敵烈,與祕史之塔塔兒,其住地又同,其名稱亦有幾分相似,則尤堪注意也。塔塔兒 (Tatar) 與敵烈 (Terei) 敵剌 (Tala) 之比定,較翁吉喇 (Ongira) 與烏古里 (Ügüri, Uguri) 之比定更難;然亦非完全不可能也。更以之比定於 Rashid 所謂 Tatar 六部之一之 Tereit,蓋無論何人,不能否認。遼史中對於敵烈有敵烈德,對於迪烈有迪烈得,對於迭烈有迭烈德,此無非 Terei 之複數之形 Tereit 之音譯也。但當比定時稍覺不安者，即 Rashid 之原書果有 Tereit 與否，尙難決定耳。D' Ohsson 譯爲 Terate（當以 Tereit 爲正），Berezin 又譯爲 Nereit。其所以發生此種異點者，因 Rashid 之原書，爲波斯文。波斯字 t 字與 n 字，惟以有無一點而異，故轉寫或印刷之際，互相謬誤者多。據 Berezin 之註云：nereit 一作 Tereit，則知兩譯之異點，卽因 D' Ohsson 在此二種綴字中取 Tereit，Berezin 取 nereit 耳。〔此例頗多，如蒙古之傳說，謂其祖先往昔避難於 Ergunekhun 者有二人，Berezin (I. 133) 稱爲 nukuz，D' Ohsson (I. 23) 則作 Tegouz，卽其一例也。〕而祕史中旣無 Tereit，又無 nereit，而代以備嚕兀惕 (Birughut, Biriet)，此亦由蒙古字之 b 與 t 稍相近似，傳寫或改譯漢字時錯誤者。金史（卷九三）宗浩傳，謂宗浩於大鹽濼附近降服廣吉剌（卽祕史之翁吉喇惕），更北進而擊走山只昆（卽祕史之撒勒只兀惕 Saldjighut）所統之石魯渾灘二部，進至呼歇水。其下又云：

於是合底忻（祕史之合塔斤 Khatakin）部長白古帶，山只昆部長胡必剌，及婆速火（部名）所遣和火者皆乞降。宗浩承詔諭而釋之，胡必剌因言，所部必列土，近在移米河，不肯偕降乞討之乃移軍趨移米，與迪列土遇，擊之斬首三百級，赴水死者十四五，獲牛羊萬二千車帳稱是。合底忻等恐大軍至西渡移米，棄輜重遁去。

宗浩進軍之目的在伐移米河邊之必列土，後至移米河邊破之。則被破者不可不爲必列土。乃原文稱爲迪烈土，則必列土，迪列土二者之中必有一誤。移米河爲今 Bör nôr 附近之河無疑，則必列土或迪列土不妨推測爲祕史之塔塔兒一部族。因而吾人以爲金史之必列土卽祕史之備嚕兀惕，因轉寫或改譯而錯誤者。於是推定金史之迪列土，爲 Rashid 之 Tereit。果爾則 Rashid 之異本之 nereit，乃 Tereit 之誤寫也。關於此點，不得不謂 Berezin 取捨之有誤矣。但金史謂迪列土爲山只昆(Saldjighut)之一部族，Rashid 則以 Tereit 爲 Tatar（塔塔兒）之一部族。兩者雖異，但 Saldjighut, Tatar 二部皆爲遊牧於 Bör nôr 附近者。故 Tereit 之所屬時有變更。若因有此小異而疑吾人迪列土卽爲 Tereit 之說，決非穩當也。據以上所述，Rashid 所謂 Tereit 若卽爲祕史之備嚕兀惕，則祕史明記備嚕兀惕之遊牧地在 Urshun 河邊，故 Tereit 之住地，與遼史敵烈，敵烈德之住地可認爲完全一致也。要之遼代之烏古敵烈，與成吉思汗時代之翁吉喇惕塔塔兒之名稱及遊牧地互相一致，或相近似者，決非偶然也。

或問遼史（卷三〇）天祚帝紀附傳耶律大石條謂大石西走，途中在北庭會七州及十八部酋長。此十八部中有王紀剌與烏古里之名。王紀剌與翁吉喇惕既爲同名異譯，則烏古里之非翁吉喇惕，不已有明證乎？其實不然。此種紀載，不但不能爲烏古里卽翁吉喇惕之反證，且爲成立鄙見之有力記事。茲試述其理由如下：先觀十八部之名稱，爲「大黃室韋，敵剌，王紀剌，茶赤剌，也喜，鼻古德，尼剌，達剌乖，達密里，密里紀，合主，烏古里，阻卜，普速完，唐古，忽母思，奚的，糺而畢，」此乃順遼史記載之次序者也。至其部名之讀法，若依鄙見，決無大過。大黃室韋，當在興安嶺地方，可由室韋之名推測之。敵剌爲敵烈。王紀剌爲金史之廣吉剌，元史之弘吉剌，祕史之翁吉喇，且同爲嶺西之部族，無論何人，皆能首肯。茶赤剌，遼史又作茶札剌，卽祕史之札只喇歹（Djadjiratai），在今 Onon, Kerülen 兩河上源地附近。其次四部，所在未詳。達密里，當在流入 Orkhon 河之 Tamir 河畔。密里紀，遼史一作梅急里，卽祕史之篾兒乞惕（merkit），居 Orkhon, Selenga 兩河之會合點附近。合主不明。烏古里下之阻卜，實以賀蘭山地方爲其本土。普速完所在未詳。唐古，遼史又作黨項，祕史作唐忽惕

(Tanghut)，又作唐兀惕，卽據陝西甘肅境上者（後之西夏國）。諸部所在，既已比定。則十八部名之排列次序，爲由東向西由遠至近者，已無容疑。然則以遊牧於興安嶺西之烏古里，置於密里紀與阻卜之中間者，當爲編遼史者之誤筆，或後世傳寫之誤也。烏古里之部名，蓋不可不以其他部名代之。烏古里既誤，王紀剌爲翁吉喇惕又無疑，則與王紀剌並舉之敵剌（卽敵烈）之爲塔塔兒（至少亦爲 Tereit）自明。吾人雖自覺上述之論據，有若干不備之點；但遼史之烏古里，斷可比定於祕史之翁吉喇惕；遼史之敵烈，斷可比定於祕史之塔塔兒。因而契丹國志之達打，亦無非遼史之敵烈。國志以達打等三國爲遼之建國以來之勁敵，至少亦於達打方面，全然如是。國志此種記事，與蒙古里于厥二國之記事，皆可認爲有十分根據。

烏古敵烈兩部族，爲遼之北邊強敵，徵諸遼史頻見之交戰事自明。道宗大安十年，烏古敵烈統軍使蕭朽哥，遭敵烈之叛而敗，僅賴西北路招討司赴援，乃得破之。而烏古敵烈統軍司，似卽於此年罷廢，改稱爲西北路統軍司者（參看金代兵制之研究）。更經二年，至壽隆二年九月，烏古敵烈部，遂被徙於烏納水，卽遼史道宗紀所謂『徙烏古敵烈部於烏納水以扼北邊之衝』者是也。烏納水，可比定於今之洮南縣與 Sira müren 河中間某河（1）。但被徙者，是否此兩部族之全部則不詳。遷徙之動機，則如津田氏之推測因憂彼等叛亂之頻繁而使便於抑制也。然將部族之全部，徙於東方遠隔之地實非易事。況此二部族，雖已屢被遼破；但其衰弱程度，尙未至被遼制死命之時也。要之，烏古及敵烈之東徙雖爲事實但其故地非全沒於遼或被他部族所占領者。故知烏古敵烈兩部餘衆，對遼稍爲恭順者，仍居故地也。金天會八年（2），耶律大石在北庭會十八部酋長時，烏古里（一作王紀剌）敵剌（一作敵烈）之部名，亦在其中可爲明證。

金史中之烏虎里，迪烈底兩部（太宗紀天會二年條），烏古迪烈部（海陵紀天德四年條），烏古迪烈統軍司（地理志），烏古迪烈地（婆盧火傳），皆爲徙於興安嶺東之烏古迪烈，非遼代之舊也（3）。然則金代居烏古敵烈二部之故地者爲何名耶？吾人當答曰，廣吉剌及阻䪁二部是也。

（1）本書金代兵制之研究。

（2）羽田學士西遼建國之始末及其年紀（史林第一卷第二號）。

（3）津田氏遼代烏古敵烈考（本報告第二册一二頁）及本書金代兵制之研究。

## 五　阻卜與韃靼

阻卜自遼代，見於中國史籍。滿鮮地理歷史研究報告第一號，有松井氏阻卜考，謂阻卜之本土，『在今甘肅邊外，東自賀蘭山，蔓延於陰山方面』『其散居之區域甚廣，亘於漠之南北。』又云：『由分布狀態察之，此部族與韃靼同，未知遼代何故稱之爲阻卜。』末謂『要之關於阻卜與韃靼之種族的異同，及阻卜名義等之疑問，雖值一研究，但今只以考定阻卜之住地爲目的，而未及言其種族，則此疑問亦止能存疑耳』云云。松井氏將一個重大疑問留給吾人。昔余研究遼代內外蒙古諸民族時，曾見遼史之阻卜民族，分布甚廣，並與宋人之所謂韃靼地域略同，因對於此兩民族之關係及阻卜名稱之起源略加考察；但較之松井氏之研究，亦未能更進一步。頃又遇此問題，更加研究，得一臆說，試述之如左：

遼史（卷三〇）天祚紀附錄耶律大石傳中，有名爲白達達之部族，與蒙古備錄及古今紀要之所謂白韃靼，黑韃事略之所謂白韃，皆指同一部族，已不待言。祕史之汪古惕，元史太祖紀稱爲汪古，同時又稱白達達。故白達達，白韃靼，白韃，皆陰山附近之部族也。惟據元代傳說，白達達部長，爲唐末居陰山附近之突厥別種沙陀之裔，則其種族，非蒙古系統而爲土耳其系統，前節已述之矣。輟耕錄（卷一）氏族條，亦將汪古惕作雍古歹，爲色目三十一種之一，與畏吾兒（Uighur）哈剌魯(Kharluk)等土耳其種族並記，可決其爲非蒙古種族矣。如是唐末五代之際，始現於中國史籍之達靼，經遼宋金三朝以至元代，繼續以韃靼或達旦或達達等字面見於各種記錄者，前文已曾指出。其詳情見於松井氏阻卜考，今亦不必臚列。各種史料中，惟元史（卷六三）地理志河源附錄，引用當代地理學家朱思本之文，頗堪注意。茲錄之以供讀者之參照。

自洮水與河合，又東北流過達達地，凡八百餘里，過豐州西受降城，折而正東流，過達達地古天德軍中受降城東受降城，凡七百餘里，折而正南流，過大同路雲內州東勝州，與黑河合。……大概河源東北流所歷皆西番地，至蘭州凡四千五百餘里，始入中國。又東北流過達達地，凡二千五百餘里，始入河東境內。又南流至河中，凡一千八百餘里，通計九千餘里。

文中雖三見達達之名，但第一達達，乃指住賀蘭山方面者；第二達達，乃指住陰山方面者；最後之達達，乃指住黃河流域上記達達全部者。元史稱蒙古人皆曰蒙古，殆無稱爲達達者。卽偶有之，亦因漢人舊記有稱蒙古爲達達者；編纂元史時用其材料，匆猝之間偶忘未改耳。尤以元代國內到處有蒙人，到處皆蒙古人之地，朱思本雖爲漢人，豈能因有蒙古人之故而記爲『達達地』耶？然則所謂達達者，畢竟指唐末以來連綿住於黃河方面之部族也。換言之，卽對住漠北之蒙古種韃靼而稱住漠南之土耳其種韃靼者。然則此漠南之達達，悉稱白達達乎？由分韃靼爲黑白二種之宋人思想言之，漠北韃靼既稱黑韃靼；則稱漠南韃靼爲白韃靼，亦自然之勢也。但王延德高昌紀行，及遼史契丹國志等，對廣義之漠南韃靼，只稱韃靼，或達旦，絕未稱爲白韃靼，白達達也。惟遼史耶律大石傳有白達達之名，然亦指陰山方面之達逹者。故吾人姑以白達達爲汪古惕之別名，推定爲居住陰山附近土耳其種之一部族者（與賀蘭山方面之達達同族）。黑韃事略所謂『東南白韃金虜女眞』一語，實爲吾之推定之有力根據。是故當漠北之蒙古人，與漠南之土耳其人，皆稱韃靼之宋遼時代，遼史中殆不見韃靼之名，而頻記阻卜之行動。其分布於漠之南北之狀況，完全與宋人所謂韃靼同。故無論何人，不能不疑韃靼與阻卜之間，有密接之關係也。於是吾人根據阻卜本土賀蘭山方面之事實以推測之，知所謂阻卜者，殆原居此方面之土耳其種部族韃靼之別名也。金史以阻鞢二字代之者，殆非漢名而爲土名耳。惜其原名原義未詳，是爲遺憾。

茲再就金代之阻鞢述之。高寶銓以金代之阻鞢，比定於元朝祕史之塔塔兒。松井氏評之曰：『由地理之關係觀之，此說或可認爲適當；然未可輕斷』（松井氏阻卜考本報告第一冊三二八頁）云云，而存疑焉。然以鄙見觀之，高氏之說，似不可移動。茲述其理由如左：

所謂高氏之說者，高氏著有元祕史李注補正。祕史有成吉思汗與王罕參加金軍伐塔塔兒而破之之事，高氏注云：『塔塔兒金史稱阻鞢，事在章宗承安元年，詳內族襄傳。』祕史之和譯本成吉思汗實錄（卷四），記征伐塔塔兒之顚末如左：

乞塔惕（Kitat 中國）之民之阿勒壇罕（Altan Khan 金之皇帝之義），以塔塔兒之篾古眞薛兀勒圖（megüdjin Seghültü）等不從其命，命王京（Wang-king Ulcja 完顏之轉）丞相（右丞相完顏襄）曰：『整軍勿躕躇』，於是時人通傳『王京丞相集馬羣糧食泝兀勒札河（Uldja）追篾古眞薛兀勒圖頭之塔塔兒。』因有此風聞，……成吉思合罕脫斡哩勒罕（Toghoril Khan 後稱王罕）二人……共起軍，沿兀勒札，來與王京丞相合力時兀勒札之忽速禿失禿延（Khusutüshituyen）納喇禿失禿延（Naratushituyen）地方塔塔兒之篾古眞首領塔塔兒據其地以立寨。成吉思合罕脫斡哩勒罕二人由其寨中拏獲藏於楯後之篾古眞薛兀勒圖而殺之。彼有銀製繃車，有東珠之衾，成吉思合罕取之（一二九——一三二頁）。

今再與金史中阻轐之記事參觀之。金史（卷六）世宗紀大定八年條云：『十二月戊子朔，遣武定軍節度使移剌按，招諭阻轐。』十二年條（卷七）云：『四月阻轐來貢。』此外如章宗紀（卷十）及宗浩（卷九三）夾谷淸臣（卷九四）內族襄（同上）完顏安國（同上）等傳皆詳記此次征戰之顛末。以此等記事互相印證，得其結果如左：

金世宗者，金朝第一名君也。其內治極美，其賢明可比美於唐太宗。卽位後卽撤攻宋之師，與宋媾和，而專致力於內政。故對西北方面各部族，亦用招撫政策。大定八年（西曆一一六八年），遣使招諭阻轐。十二年入貢。及世宗死，章宗立，西北諸部族漸犯邊。明昌五年（西曆一一九四年），先使人視察北邊，翌年命左丞相夾谷淸臣，集沿邊諸部及阻䪁之兵於臨潢，鎭定諸部之叛。因事觸阻䪁之怒，被其侵掠，於是朝廷召還淸臣，以右丞相完顏襄代之。襄於承安元年（西曆一一九六年）督諸軍至興安嶺之西，別軍進至龍駒河（Kerülen 或 Argun），被阻䪁之軍所圍，勢頗危急。襄乃親自率兵赴援，乘敵之不備，大破之，阻䪁之兵皆走斡里札河。襄之部將完顏安國，率兵一萬追之，乘大雨又大敗之，敵兵凍死者十之八九，遂降其部長，勒功於崖壁而凱旋。

以上乃摭拾金史之記傳而得者。以此與祕史相參照，祕史所謂阿勒壇罕即金皇帝之意，指章宗也。王京丞相，即完顏丞相之謂，指右丞相完顏襄也。而追塔塔兒時所行之兀勒札河，即金史追阻䪁之兵時所經之斡里札河，今呼爲烏爾匝河，烏爾載河（Ordja, Urcha, Orcha）者無疑。松井氏雖將兀勒札河擬於烏里順；（Urshun）河但與敗於龍駒河（即 Kerulen 又 Argun 之上流）邊之戰，走於兀勒札河之記事不合。故金史之阻䪁（或名北阻䪁），不外祕史之塔塔兒。高寶銓之比定，可謂有根據矣。故參照兩史之記事，知成吉思罕王罕二人，參加於征討塔塔兒之金軍之舉，實在塔塔兒大敗於龍駒河畔之戰而走斡里札河之後，於是與金將完顏安國之兵合，遂博最後之大勝。

又安國傳所謂降其部長者，不外祕史所謂塔塔兒部長篾古真薛兀勒圖而捕而殺之者，乃蒙古二將也。

茲再依前例，就金代阻轐隣部之廣吉剌一言之。金史（卷一〇）章宗紀承安元年條云：『正月甲申，大鹽濼羣牧使移剌覩等爲廣吉剌部所敗，死之。』大鹽濼，實如松井氏之言，乃今西烏珠穆沁王府西北之達布蘇泊(Dabsun-nôr)也。今仍爲此方面最大之鹽湖。又同書(卷九三)宗浩傳云：

> 北部廣吉剌者，尤桀驁，屢脅諸部入塞。宗浩請乘其春暮馬弱擊之。時阻轐亦叛，內族襄（完顏襄）行省事於北京，詔議其事。襄以謂若攻破廣吉剌，則阻轐無東顧憂，不若留之以牽其勢。宗浩奏：國家以堂堂之勢，不能掃滅小部，顧欲籍彼爲捍乎?臣請先破廣吉剌，然後提兵北滅阻轐。章再上，從之。……

此亦如松井氏之說，廣吉剌乃遊牧於阻轐之東或其南者也。然則金史之廣吉剌，卽祕史之翁吉喇惕，元史之弘吉剌。住於阻轐(卽祕史元史之塔塔兒)之 Urshun 河畔，大略遊牧於今之Khalkha河流域，至 Dabsunnôr 附近者也。

## 六　黑韃靼與白韃靼

宋人之記錄蒙古事者，每分爲黑白韃靼，或生熟韃靼。大體近於漢土者，稱白韃靼，或熟韃靼。遠於漢土者，稱黑韃靼或生韃靼（1）。然生熟之稱呼，殆單爲分類之用；其用爲種族之名，而實際上常用者，爲黑韃靼及白韃靼。

蒙韃備錄曰：

其種有三，曰黑，曰白，曰生。所謂白韃靼者，顏貌稍細，爲人恭謹而孝。遇父母之喪，則剺其面而哭。嘗與聯轡，每見貌不醜惡，其腮有刀痕者，問曰白韃靼否，曰然。凡掠中國子女教成卻之。與人交言有情。今彼部族之後，其國乃韃主成吉思之公主必姬權管國事。近者入聘於我宋，副使速不罕者，乃白韃靼也。每聯轡問，速不罕未嘗不以好語相陪奉慰勞。且曰，辛苦，無管待，千萬勿怪。所謂生韃靼者，甚貧且拙，且無能爲，但知乘馬隨衆而已。今成吉思皇帝及將相大臣，皆黑韃靼也。大抵韃人身不甚長，最長者不過五尺二三寸。無肥厚。其面橫闊，而上下有顴骨。眼無上紋，髮鬖絕少，形狀頗醜。惟今韃主忒沒眞（元史之鐵木眞）者，其身魁偉而廣顙長髯，人物雅壯，所以異也。

玆所謂黑韃靼者，指蒙古。生韃靼，指蒙古以北野蠻諸部族。觀白韃靼之容貌風俗，異於他族；再徵於所謂掠中國子女事，殆指士耳其種居住陰山之汪古惕者。又所謂成吉思之公主必姬（必姬者蒙古語公主之意）權管國事者，蓋指成吉思汗之女阿剌海也。汪古惕都長阿剌兀思，從成吉思汗征乃蠻有功。成吉思汗以阿剌海妻其子孛要合。孛要合從征西域，亦有功。元史卷一一八阿剌兀思剔吉忽里傳云：

孛要合幼從攻西域，還封北平王，尙阿剌海別吉公主。公主明睿有智略，車駕征伐四出，嘗使留守，軍國大政，諮稟而後行，師出無內顧之憂，公主之力居多。

元史卷一〇九諸公主表有『趙國大長公主阿剌海別吉，太祖女，適趙武毅王孛要合。』別吉與必姬同，亦公主之意。速不罕，一作搠不罕，主卜罕，卽蒙古太宗三年秋七月爲拖雷之使者入宋，在沔州之靑野原被州官暗殺者也（2）。祕史云：『又其後（元太祖六年之後）遣往趙官（宋）處和親，以主卜罕爲頭之多數使臣，被乞塔惕（Kitat 即中國）之民之阿忽台（指金宣宗）阿勒壇罕（金之皇帝）所妨成吉思合罕於狗年（元太祖九年）再出馬於乞塔惕之民之處』（成吉思汗實錄四四六頁）。觀此則知由太祖六年至九年之間，速不罕曾使於宋，半途而返也。作備錄者孟珙，乃曾與速不罕聯轡而交歡者。故知速不罕出使於宋，不止二次。在作備錄之年（即太祖十六年）以前，又曾有一次作副使而使於宋，安抵宋境，致其使命而歸。要之前後三次使宋之速不罕，爲汪古惕人，即白韃靼人。據本書之記事，始可知之。又宋黃震古今紀要云：

韃靼之近漢者曰熟韃靼，其遠於漢者曰生韃靼。生韃靼有二，曰黑，曰白，皆事女眞。黑韃靼至忒沒眞，叛之，自稱成吉思皇帝。

此以白韃靼爲生韃靼之一種，實大謬也。大金國志卷二二曰：

韃靼之先，與女眞同類，蓋皆靺鞨之後也。其國在元魏齊周之時稱勿吉，至隋稱靺鞨。……渤海盛，靺鞨皆役屬之。後爲奚契丹所攻，部族分散，其居混同江之上，初名曰女眞，乃黑水遺種。其居陰山者，自號爲韃靼。……韃靼之人皆勇悍善戰。其近漢地者，謂之熟韃靼，尙能種秫穄，以平底瓦釜煮而食之。其遠者謂之生韃靼，止以射獵爲生，無器甲矢用骨鏃而已；蓋以地不產鐵故也。契丹雖通其和市，而鐵禁甚嚴。及金人得河東廢夾錫錢，執劉豫，又廢鐵錢，由是秦晉鐵錢，皆歸韃靼。韃靼得之，遂大作軍器，而國以益強。方金國盛時，韃靼歲時入貢，衞王旣立，韃靼主忒沒眞始稱成吉思皇帝，山東兩河，皆爲大朝收附矣。

此文頗能明生熟之別之原因，但對於黑白韃靼，仍未詳記。惟於述白斷波之事時云『宋通鑑云，韃靼有黑白，此（白斷波）白韃靼也。』由此觀之，著國志者，乃根據蒙韃備錄等書者。此記事中，關於鐵之問題，固値一研究，但非本題之本旨，故不具論。黑韃事略，以蒙古爲黑韃，卽黑韃靼，與前記諸書相同。又云別有白韃，住其東南，近於金國，則明指白韃靼也。白韃靼之名，遼史耶律大石傳，始以白達達三字記之。遼史部族表作白達旦，元史太祖紀，汪古惕別名白達達。皆指居陰山附近者，前已言之，茲不復贅。以 Bōr nôr 附近爲根據之塔塔兒部七族之一之察罕塔塔兒，蒙古語爲Chagan Tatar（白塔塔兒之意）。其名雖亦爲白韃靼，白達達，但爲蒙古人之自稱，非宋人遼人之所謂白達達也。

馬哥孛羅(Marco Polo)之紀行錄(Col. H. Yule The Book of ser Marco Polo. 1903

1285）中，述 Tenduc 地方之事云：

Here also is what we call the country of Gog and Magog; they, however, call it Ung and Mungul, after the name of two races of people that existed in that Province before the migration of the Tartars. Ung was the title of the people of the country, and Mungul a name sometimes applied to the Tartars.

關於 Tenduc 之所在地，西洋人有種種議論。但實後唐遼金三朝之所謂天德軍。其州名，在遼金二代，皆呼爲豐州。其位置在黃河最北部與陰山之間，可據前引元史地理志朱思本之文而知之。至於 Gog Magog，則讓於 Yule 之研究（Ditto 156–7 292–4）。所謂『土人呼爲 Ung Mungul』者，據 Ung 之爲 Onghut（汪古惕），Mungul 之爲 Monggol Mongol（忙豁勒卽蒙古），及謂此 Ung 與 Mungul『出自二部族之名』，則知 Marco Polo 時代，亦認爲蒙古種之蒙古（黑韃靼）與土耳其種之汪古惕（白韃靼）對立也。

然稱蒙古爲黑韃靼，汪古惕爲白韃靼，決非彼等稱呼自身者，實漢人呼之之名也。蓋陰山及賀闊山附近之韃靼之名，漢人見聞既熟，遂總稱漠南北諸部族爲韃靼。彼等固不知漠之南北種族上有大差也。及至元代遠至黑龍江下流流域「Tunguse 種族，亦稱之爲水達達，固無足怪矣。蒙古人稱彼等自身爲蒙古，觀祕史及元史卽可了解。黑韃事略，乃蒙古太宗時宋人彭大雅出使漠北之遊記也。開始卽云黑韃韃國號大蒙古可爲明證。而漢人譯祕史時，則不用蒙古二字（祕史作忙豁勒）而代以達達。又高麗史卷二二高宗世家十八年十二月條，載有蒙古太宗致高麗王之牒文，曾云：「若要廝殺儞識者，皇帝大國土裏達達每將四向周圍國土都收了。」此亦漢譯蒙古語時，改蒙古爲達達者。黑韃事略云：『斛速益律子韃靼也』斛速益律子（Usu—Ulus）蒙古語水國之意。彭大雅註曰水韃靼。由此可知韃靼之名已漸推廣；又可知蒙古人不自稱韃靼矣。明代漢人記錄，稱退居塞外之蒙古人爲韃靼，並謂合罕自稱爲韃靼可汗。但蒙古人記錄中絕無此事，仍稱蒙古，或稱大元可汗，和田學士已說破矣。要之，蒙古人古來皆自稱蒙古，絕不稱韃靼。蒙韃備錄云蒙古斯國亡而韃國起，韃國成吉思汗出，慕蒙古斯之爲雄國，採其國號，始稱蒙古國云。古今紀要，大金國志等，皆沿襲此說；但此爲俗說，不足置信。

(1)黑白二字，亦不必皆爲區別遠近之意。(一)與生熟同意，爲區別其文野之稱。卽如此處之黑韃靼·白韃靼是。(二)表示褒貶之意者。如高麗史高宗世家等，稱占據遼東之契丹人遺類其後闌入高麗者，曰黑契丹，是也。(三)寓本支或正閏之意。如耶律大石所建之西遼國，自稱 Khara Kitai(黑契丹) 者是也。此外地名城名，或依其外觀之色，稱爲 Khara khoton 或 Chagan khoton。又有稱廢城爲 Khara Balgasun 者。

(2)本書元初史實解疑三則。

(3)水達達之名，始見於元史卷四世祖紀中統二年八月條，卽所謂『賈文備爲開元女直水達達等處安撫使，賜虎符』者是也。其後遂常見之。

(4)和田清氏內蒙古諸部落之起源一二頁註。

## 七　結言

以上考證頭緒太多。茲因欲使讀者十分理解，約言其大旨如左：

（一）韃靼之名之見於中國史籍者，自唐書五代史等始。其部族居陰山地方，謂為韃靼遺種者全誤，實沙陀突厥之一派也。遼宋元時代更散居於賀蘭山方面。

（二）元朝祕史所見之塔塔兒住地，在今興安嶺西之 Khulun nôr 以南，Shigheldji, Ulgui 兩河流域以北。

（三）唐玄宗開元二十年建有突厥闕特勤碑。碑文所謂『三十姓之 Tatar』，為東西史籍中之最古之典據。至少其中之一部，為祕史塔塔兒之前身。

（四）契丹國志之達打，亦當為祕史塔塔兒之前身，突厥碑文中 Tatar 之後裔也。

（五）遼史之敵烈當比定為 Rashid 所謂塔塔兒六部之一之 Tereit（金史之迪列土，祕史之備嚕兀惕）。因而可與契丹國志之達打，視為同一。

（六）白達達卽汪古惕，爲屬土耳其種之沙陀後裔。且卽唐末以來中國史籍中之陰山韃靼也。遼宋元三朝記錄中之賀蘭山方面韃靼，亦可同認爲沙陀後裔。

（七）遼代韃靼與阻卜之分布區域相同。阻卜之本土，在賀蘭山地方。此地方之韃靼，亦爲沙陀後裔。故知阻卜爲當時韃靼之別名。

（八）金代阻䪁之名，得自遼代之阻卜，固不待言；但畢竟爲祕史中塔塔兒之別名。

（九）宋人之所謂黑韃靼，乃蒙古種之蒙古也。白韃靼，乃土耳其種之汪古惕也。

（十）蒙古人常自稱爲蒙古，而未嘗自稱韃靼。

如是則最初有韃靼之名之部族，屬於今之所謂蒙古種。唐玄宗開元年間，已遊牧於興安嶺以西，成三十姓大部族。則彼等之始據此地方，恐在唐代以前；但無文獻之可徵，固不可知矣。唐末始爲中國人所知之陰山方面韃靼，屬於今之所謂土耳其種。由種族上言之，與興安嶺西之 Tatar，全無關係。然其部族名稱之相同，蓋非偶然一致。當係取與興安嶺方面蒙古部族之名自稱者。其冒稱之由來，雖無論如何揣摩皆可；但大半爲陰山地方之沙陀人，聞漠北 Tatar 之強盛，而以之自擬者。然其祖先，似宜稱爲匈奴或鮮卑，乃謂係東夷靺鞨之遺種，而爲敗殘之餘類；則非彼等自身之言，而爲中國人誤解或想像而成者。但唐宋人何以不知其爲沙陀別部，而爲宋白或宋白之先輩所誤，竟認爲靺鞨或渤海或女眞之一種乎？其後只據汪古惕部長之家傳，至元代始明其眞相，是誠吾人所不解之疑問也。姑記於此，以俟後日之研究。

# 附錄

## 可敦城考

大正五年春，松井羽田兩學士同時發表可敦城之研究。論證精博，意見亦有若干相異之點。當時余曾將鄙見筆之於書以示二三同學，以期與兩氏交換意見。但至今終未交換，殊爲遺憾。可敦城問題中，亦包含白達達之問題。今當發表韃靼考時，特以舊稿附錄於此，冀兩學士及同學諸君賜教。

松井學士之論文曰，契丹可敦城考，載在本報告第壹。羽田學士之研究，則有西遼建國之始末及其年紀一文，載在史林第一卷第二號。讀本文者必先一讀此二篇論文，方能了解。松井學士論文中，附有地圖，必當參照。

遼史卷三〇天祚帝紀附傳耶律大石條云：

大石不自安，遂殺蕭乙薛坡里括，自立爲王，率鐵騎二百宵遁，北行三日，過黑水，見白達達詳穩牀古兒，……西至可敦城，駐北庭都護府。

羽田學士曾就此文加以批判論證，而下推斷曰：『保大四年七月（據遼史天祚紀），大石率所部逃出夾山（陰山之南黃河之北）之天祚帝行在所。北行三日過黑水（卽今之喀喇木倫由茂明安部流入烏喇忒，注於黃河）會見金之淨州元之汪古惕之地之白達達詳穩（官名）牀古兒，更駐於漠北鎭州可敦城。以金之天會八年到北庭（元代之別失八里今新疆省濟木薩之北）云云。論斷精博，極堪敬服。然松井學士則將黑水比定於甘肅省之額濟納(Etzina)河，以白達達爲當時散居陰山賀蘭山附近之韃靼，以可敦城爲額濟納河畔王延德所謂『唐回鶻公主所居之地』吾人殊難贊成其說。其反證詳見羽田學士論文，茲不覆述。今特舉鄙見之要點如下：（甲）謂大石出發之地點爲大同地方者誤也，實當爲夾山。（乙）大石於保大三年三月，被金所虜。九月由金遁歸。四年七月始棄天祚帝而出奔。松井學士以大石由金遁時，卽爲西走之時。因而考證地理時，以大同爲出發點，蓋失考也。（丙）謂白達達之名，包含甘肅方面之韃靼；雖非毫無理由，但只認爲陰山方面韃靼，卽元代之汪古惕之名稱，似較穩當。（丁）大石通過地方之次序爲夾山——黑水——白達達——可敦城。若以黑水爲額濟納河，則可倫城不可不在額濟納河西。（戊）若以黑水爲額濟納河，則與本文『北行三月』相抵觸。（己）既曰『回鶻公主所居之地』曰『城基』似亦可稱爲公主城。而唐之公主，爲回鶻可汗之妻（卽土耳其語之可敦Khatun）者，既稱回鶻公主，則可謂爲可敦城之別名。然當時非普通皆稱可敦城者，只 Orkhon 河畔與黃河北岸有可敦城，Bör nôr 附近亦有可敦城；但皆不稱公主城，而稱可敦城。故謂額濟納河邊公主城爲可敦城之說，猶有一考之餘地。（庚）遼史關於可敦城記事中，松井學士以之擬於額濟納河畔之城者，皆可視爲鎮州之可敦城。（辛）學士雖云遼史記事中有混同者，吾人則以爲未必然也。

然則所謂鎮州可敦城，又何在乎？就此問題，加以稍精密之調查者，爲清之沈垚。沈氏以長春眞人西遊記與張德輝紀行合考之，在其論文西遊記金山以東釋中發表結論如下：（甲）西遊記所謂東西古城，不外紀行中之二故城。（乙）西遊記之東故城，爲紀行所謂沿渾獨剌河西行一驛之處之故城。西遊記之西故城，爲紀行所謂在吾悮竭腦兒正西之故城。（丙）此西故城，當卽遼之鎮州可敦城。（丁）遼史地理志謂由上京至鎮州之距離三千餘里，則爲鎮州之西故城之一證。（戊）據遼史耶律撻不也傳之記載觀之，似較鎮州或西故城更在其西，而作存疑之言。最後以遼史耶律大石傳之紀事參考西遊記之『蓋遼亡士馬不降者，西行所建城邑也。』亦足知契丹故城爲鎭州之一旁證云云，其全文載在本報告第一册。然其論據皆甚薄弱，多難從者。松井學士曾批評之，且作精到之研究，得結論如下：（甲）西遊記所謂東西故城，與紀行二故城不同。（乙）西遊記之東西故城，可比定於今 Kharukha 河下流隔河之現存二廢城。（丙）遼史太祖紀之古單于國，與蕭圖玉傳之龍庭單于城一名窩魯朵城者相同，當在 Kokshin Orkhon 之東 Kosho Tzaidam 湖附近。（丁）前記之紀傳所謂相距不遠者，爲古回鶻城龍庭可敦城。古回鶻城即 Orkhon 左岸之 Khara Balgasun。龍庭，若在 Kosho Tsaidam 湖附近，則可敦城當即張德輝紀行中所謂吾悟竭腦兒(Ughei nôr) 正西之契丹故城，亦即 Radloff 蒙古考古圖所謂 Dashin dzil（又作 Taishi dzil）也。此條余與松井學士完全同意。羽田學士對於鎭州可敦城之研究，比較上不甚精密，專議沈氏立論之粗漏，大略如下：（甲）以遼史地理志中漠然之里程，爲比定之根據者，不可從。（乙）謂不知吾悟竭腦兒爲今之 Ughei nôr，而比定於察罕池者，全爲誤譯云云。此論固屬正當；但學士亦與沈氏相同，將西遊記之東西故城，與紀行之二古城，視爲同一；則亦屬誤解也。

因而其結論所謂：『要之長春眞人及張德輝所記契丹之二古城中，其一可認爲可敦城（卽鎭州）。至其位置，長春所記，不能詳知，故只能從後者，認爲沿トラ河南之地或在ウゲーノール之正西』云云。吾人不得不反對之。

余對於遼史地理志之河董城之意見，與兩學士之說全異。松井學士曾對遼史地理志皮被河城條中關於河董城之前後記事，加以解釋，謂羽厥爲居 Baikar 湖附近之部族。臚朐河爲Orkhon河。沱漉河爲 Tula 河。更進而以皮被河擬爲 Tamir 河。皮被河所入之海，推定爲 Baikal 湖。結果乃謂此河董城（卽可敦城）不外鎭州可敦城云。然羽厥之名，津田氏曾論證之，本篇亦屢次引用之。其爲遊牧於 Khalkha, Khailar 兩河流域及 Argun 河上流流域之部族無疑。而臚朐河，與其擬於 Kerülen 河，不如擬於 Argun 河。沱漉河當爲 Toro 河。然則學士之解釋，果可謂得正鵠耶？吾人不能無疑。

羽田學士，以遼史地理志河董城條之記事，與靜邊城及泰州條記事相參照，謂『此城（靜邊城）爲遼泰州之地。在今東蒙古郭爾羅斯部前旗之西境，近於嫩江松花江合流地點之西之地（參看蒙古遊牧記卷一，郭爾羅斯部條，及滿洲歷史地理第二卷八六頁）。既云此地（靜邊城）東南去上京一千五百里，則與河董城之距離相近不過西北（距靜邊城）二百里耳』云云。由此觀之，學士似以此靜邊城與河董城同在東蒙古東境者。果然則上京當在兩城之西南；而本文則云『東南至上京一千五百里，』是何故耶？學士所以認靜邊城與泰州爲同一地者，蓋根據『本契丹二十部族水草地』或放牧之地之文。但此文意義既不詳明，單據此以推定兩者爲同一，果可信乎？學士引滿洲歷史地理，而以遼之泰州爲在郭爾羅斯前旗之西境，蓋誤解也。當爲『今農安縣之西南懷德縣之西北』（同書第一篇八七頁）之謂。據松井學士之說，吾人以爲當遙在其西北，由今Paibur Chagun nôr 附近，向西三四百里（當時之里）之地。

(1)本書金代兵制之研究。又關於遼之泰州之位置，有池內津田兩氏之說。池內氏遼代春水考之註（東洋學報第六卷二四一——二），謂在今開通縣東哈拉烏蘇附近。津田氏金代北邊考（本報告第四冊一四四頁）則比定於今洮南縣之西南，蘆兒河之南之某地。要之兩氏與余皆認爲在洮南縣之南，則大體一致也。

遼史地理志之所謂河董城，亦非鎮州可敦城，又非泰州之地，然則果何在乎？是亦當有之問題也。今先舉出關係之史料，然後陳述鄙見。

河董城，本回鶻可敦城，語訛爲河董城，久廢。遼人完之，以防邊患。高州界女直常爲盜，劫掠行旅，遷其族於此。東南至上京一千七百里。……（a）

靜邊城，本契丹二十部族水草地。北鄰羽厥，每入爲盜。建城置兵千餘騎防之。東南至上京一千五百里。……（b）

皮被河城，地控北邊，置兵五百於此防托。皮被河出回紇北，東南經羽厥，入臚朐河。沿河董城北，東流合沱漉河，入於海。南至上京一千五百里。……（c）

河董爲可敦之訛，據（a）可明。而推定此城之位置時，只有據（c）以解釋之之一途。松井學士之解釋，已述於前。吾人之解釋，則與學士異。吾以爲皮被河當比定於 Kerülen 。吾人之解釋，不需許多考證。本文雖云『皮被河出回紇北』，但此回紇乃指其國都者。即遼史所謂古回鶻城，今之 Khara Balgasun 也。故所謂北者，當視爲東北，即謂由 Kentei 山發源之意。羽厥，如前述，又作於厥，于厥律，烏古，烏古里等，居 Khalkha 河流域以北 Argun 河上流流域，已屬無疑。則其散居於

Kerülen 河下流亦可推測矣。惟此處只言羽厥（卽烏古）而未及敵烈者，遼史概以烏古敵烈連稱，視爲相近之部族。敵烈殆亦含於羽厥之中歟？果然，則 Kerulen 河下流流域，Argun 河上流流域及 Khailar, Urshun, Khalkha 諸河流域皆羽厥之遊牧地也。臚朐河，如津田氏之說，當爲 Argun 河。沱漉河，當卽 Toro（洮兒淘爾）河。是故 Kerulen, Urhun Khalkha 三河水路本相通，遼人中有誤解爲一道河流者，可據遼史想像而知之。若更解作又想像爲與 Toro 河連續者，似有過於附會之嫌。實決不然。何也（甲）Toro 之譯字，魏書作太魯，又作太涂，唐書作它漏，又作他漏，遼史作他魯，又作撻魯，不已表示沱漏之爲 Toro 乎？松井學士，雖以之比定於 Tolo 河；但觀 Tula 河之譯字，如唐書之獨樂，獨洛，獨邏；元史之禿忽剌，禿兀剌，禿剌；元朝祕史之土兀剌；張德輝紀行之獨剌等，似爲 Tughula, Tula 而非 Taro Taru 也。故其說不可從。（乙）在窮北僻遠之地，欲區別某河之上下流，此種河道之精確智識，到底不可望於昔時之漢人。魏書勿吉傳云：『乙力支稱，初發其國（勿吉國），乘船泝難河（今之嫩江），西上至太涂河。……』同時烏洛候傳云：『其他小水皆注難，東入於海。』則亦將松花江黑龍江之一部，誤解爲難水也。又舊唐書室韋傳云：『其河（望建河，新唐書之室建河）源出突厥東北界俱輪泊（今呼倫泊），東流，……又東流，與那河（今嫩江）忽汗河（今牡丹江）合又……一東流注於海。』是以爲黑龍江之上流，與嫩江上流相連絡也。又唐書流鬼傳云：『或曰他漏河東北流入黑水。』是謂粟末水亦包含於他漏河之名中，是俗傳也。徵於此等實例，吾人推測編遼史者（至少亦爲編地理志皮被河城條者）以爲 Kerülen 之水，東流而過 Argun, Urshun, Khalkha, Toro 諸河，更經松花黑龍二江而遙注於海。於是妄信荒誕無稽之俗傳，乃記皮被河城一條也。此種推測，似不可遽斥爲牽強附會之談。吾人若見此種記事之一俗書，則可不必強加此種解釋，惜僅有遼史地理志之記事耳。然地理志誤謬之多，雖有定論；但若不加何等批評而一概抹煞，亦屬不當。然若批判之，則不可不爲前述之結論。以上考證若幸無大過，則問題中河董城之位置自明。卽如下：（甲）據（c）條，河董城在皮被河與 Argun 河相會之後，與 Toro 相會之前，而居河之南岸。（乙）據（a），當在上京西北一千七百里之處。（丙）據（c），當在皮被河城之西或西北二百里之地。（丁）據（b），則知在靜邊城西北二百里之地。而皮被河城，當爲因河名而得名者，則此城必沿皮被河（編者之意似以與安嶺西爲皮被河嶺東爲沱漉河），已堪推測。因而靜邊城在河之西方不遠之地。是故當興安嶺左右之地無精確之地圖時，吾人只據里數以考定上記三城之位置，原有若干不安；但決非在嶺東 Toro 河畔，則無疑也。茲故將河董城比定於 Urshun 河西岸，皮被河城比定於 Khalkha 河下流；而以靜邊城，比定於皮被河城之略正西 Bör nôr 之正南。

然松井學士，則將（c）之皮被河上之河董城，視爲與鎭州可敦城同地。以（a）之河董城，比定於甘肅西境額濟納河畔之舊城址。但額濟納河畔之所謂唐回鶻公主所居之地，果曾稱可敦城否？又可稱否？不能無疑。學士引遼史卷九一耶律唐古傳『先是築可敦城以鎭西域諸部，縱民畜牧，反招寇掠。重熙四年上疏曰自建可敦城已來，西蕃數爲邊患，每煩遠戍，歲月既久，國力耗竭，不若復守故疆，省罷戍役，不報』等語，而斷定曰：『此可敦城，爲鎭撫西域計，設在遼國僻遠之地。二可敦城（一爲鎭州）中之一，當卽指此』云云。學士雖注重『以鎭西域諸部』一語，但鎭州可敦城，事實上果能當鎭撫阻卜等西域諸部之任耶？遼史地理志鎭州條云：『專捍禦室韋羽厥等國』。鄙意以爲此文當入其下河董城（卽皮被河上之河董城）條，而誤入於此者。何也，設於 Arkhon 河邊之鎮州可敦城，實不應以『捍禦牧於興安嶺左右之室韋羽厥諸部族』爲目的也。因而鎮州條，當云『專捍禦西域諸部。』如是則耶律唐古傳之可敦城，乃指鎮州可敦城者。又學士引同書卷一〇三蕭韓家奴傳之記事，亦將其中可敦城擬於額濟納河畔。但吾人亦謂當爲鎮州之可敦城。韓家奴與唐古之疏，同爲答重熙四年興宗之諮問者，娓娓千數百言，盡治道之要，堂堂大文也。今因必要，摘錄如左：

方今最重之役，無過西戍。如無西戍，雖遇凶年，困弊不至於此。若能徙西戍稍近，則往來不勞民，無深患。議者謂徙之非便。一則損威名，二則召侵侮，三則棄耕牧之地。臣謂不然，阻卜諸部，自來有之。曩時北至臚朐河，南至邊境，人多散居，無所統一，惟往來抄掠。及太祖西征，至流沙，阻卜望風悉降，西域諸國，皆願入貢。因遷種落，內置三部，以益吾國。不營城邑，不置戍兵，阻卜累世不敢爲寇。統和間，皇太妃出師西域，拓土既遠，降附亦衆。自後一部或叛，鄰部討之，使同力相制。正得馭遠人之道。及城可敦，開境數千里，西北之民，徭役日增，生業日殫，警急既不能救，叛服亦復不恆。空有廣地之名，而無得地之實。……國家大敵，惟在南方。今雖連和，難保他日。若南方有變，屯戍遼邈，卒難赴援，我進則敵退，我還敵來，不可不慮也。……今宜徙可敦城於近地，與西南副都部署烏古，敵烈，隗烏古等部，聲援相接。……此方今之急務也，願陛下裁之。

所謂太祖之西征者，指神册元年平定陰山南北，天贊三年四年親征大漠南北也。所謂皇太妃出師西域者，指統和十二年至十五年之征伐阻卜也。所謂城可敦者，指皇太妃西征之蕭撻凜之議而上奏，於統和二十一年先築城，翌年置鎭州之事也。皇太妃西征後，諸部叛服不常，城可敦置鎭州愈急。試閱遼史本紀，可知其悉爲事實。唐古韓家奴兩傳之所謂可敦城，實不外鎭州之可敦城，不需詳加論證矣。

河董城既不可比定於額濟納河畔，又何在乎？吾人推定爲卽皮被河上之河董城。今述其理由於下：（甲）遼史之可敦城，與河董城，原皆爲土耳其語 Khatun 之音譯。書爲可敦城者，皆爲Orkhon 河畔鎭州之別名（雲內州古可敦城，則爲別地）。書爲河董城者，則指興安嶺以西之城也。編遼史者當譯字之際，殆有用意。至少亦以譯字之異同區別所指 Khatun 城之異同之意。（乙）遼史地理志先記曰『鎭州建安軍節度本古可敦城。』次記『河董城，』次『靜邊城，』次『皮被河城。』而皮被河城條，則謂河董城沿皮被河。則此河董城，與前記之河董城，實當認爲同一。

於是吾人更進一步而研究曰，河董城或爲可敦城之東徙者乎？可敦城設置以來，西蕃數爲邊患，西北之民，徭役日增，生業日殫，洵如耶律唐古蕭韓家奴之言。而興宗不能納此剴切之奏，觀唐古傳『不報』二字自明。遼史卷九六耶律撻不也傳，謂大康六年（道宗時），撻不也因阻卜酋長詐降，迎之於『鎮州西南沙磧間』，遂被害。是重熙四年之後四十餘年，鎮州似尚未廢。而所以猶信其已經東徙者，理由如下：（甲）Khatun 城，雖因指回鶻可汗之妻之居城而有此名；但鎮州條云：『本古（回鶻）可敦城。』河董城條云：『本回鶻可敦城。』前後分書，非以前者爲舊城，後者爲新城乎？（乙）河董城條云『久廢，遼人完之，以防邊患』云云，似謂修築回鶻故城之名爲可敦城者，而置河董城之意，此編者之誤也。實際殆修 Urshun 河旁一廢城，而移可敦城於此，呼爲河董城者。（丙）Orkhon 河邊有可敦城，若同時 Urshun 河邊（？）有同音之河董城，音聲上即稍有差異，不有混同之虞耶？（丁）重熙年間，有有力之可敦城東徙論。（戊）遼之國力，次第衰耗，其國境至道宗之世，不已甚減退耶？（己）與河董城相近者，明爲靜邊城之名，不已暗示退於國境之 Kerülen

河下流以東？耶姑記於此，以俟後日之補考。

以上所述大意如左：

（一）耶律大石西走之際，通過之可敦城，乃在今 Orkhon 河畔之可敦城，即遼之鎮州，決非甘肅 Etzina 河邊之回鶻公主城。

（二）遼之鎮州之可敦城，在今 Orkhon 河畔 Ugheinôr 正西 Dashin dzil 附近。決不可求之於遙在其東方 Tula 河之彎曲點附近。

（三）皮被河者，今之 Kerulen，Urshun，Khalkha 三河。因河道相通，遂誤解爲 Kerülen 河東流而成 Khalkha，又視爲一道河流而命名者，決不可比定於今之Tamir 河。

（四）遼史地理志之所謂河董城，即皮被河上之河董城，大體當求之於今之 Urshun 河畔，決不可求之於遙在其東方之 Siramüren 河北。有謂地理志中并記之二個河董城爲同名異地，一爲鎮州之可敦城，一爲 Etzina 河畔公主城之別名者，其說難從。

（五）吾人推定在 Urshun 河畔之河董城，爲遼末 Orkhon 河畔之可敦城之遷移者其名同爲 Khatun，亦不待言。其譯字所以異者，蓋遼人，或編遼史者，欲表示新舊二城位置相異也。